四国八十八ケ所ブラブラ旅

七十二歳からの巡礼紀行

君塚みきお

インパクト出版会

『四国八十八ヶ所ブラブラ旅――七十二歳からの巡礼紀行』目次

81 白峯寺
80 国分寺
82 根香寺
77 道隆寺
79 高照院
84 屋島寺
85 八栗寺
78 郷照寺
86 志度寺
4 甲山寺
弥谷寺
83 一宮寺
87 長尾寺
7 十楽寺
4 大日寺
76 金倉寺
3 金泉寺
羅寺
2 極楽寺
出釈迦寺
香川県（讃岐）
75 善通寺
88 大窪寺
1 霊山寺
5 地蔵寺
69 観音寺
70 本山寺
8 熊谷寺
17 井戸寺
68 神恵院
6 安楽寺
10 切幡寺
67 大興寺
16 観音寺
9 法輪寺
11藤井寺
15 国分寺
66 雲辺寺
13 大日寺
14 常楽寺
65 三角寺
12 焼山寺
18 恩山寺
19 立江寺
20 鶴林寺
徳島県（阿波）
21 太龍寺
剣山
22平等寺
23 薬王寺
県（土佐）
30 善楽寺
29 国分寺
28大日寺
31 竹林寺
32 禅師峰寺
33 雪蹊寺
27 神峯寺
34 種間寺
6青龍寺
26 金剛頂寺
25 津照寺
24 最御崎寺

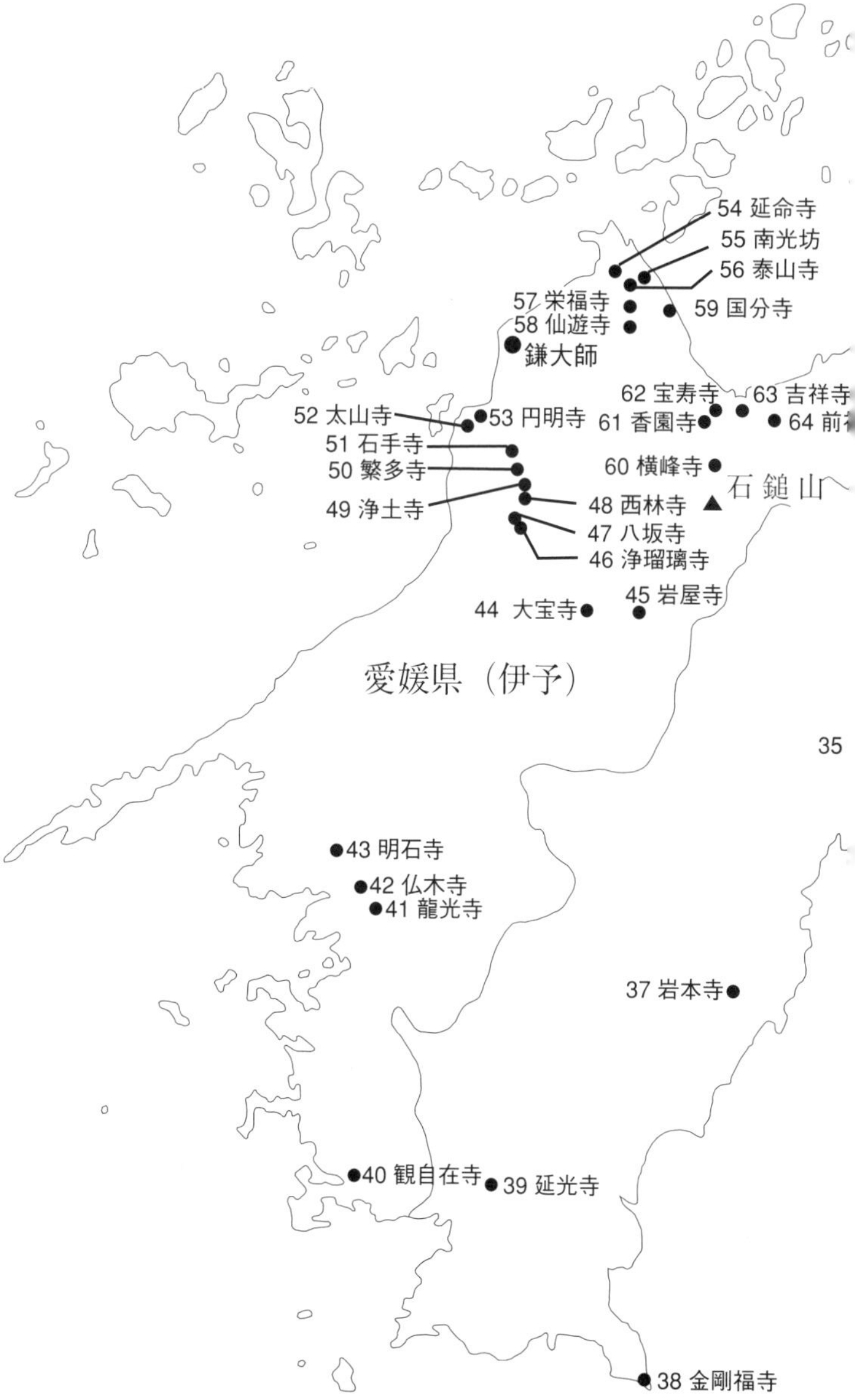
54 延命寺
55 南光坊
56 泰山寺
57 栄福寺
58 仙遊寺
59 国分寺
鎌大師
62 宝寿寺
63 吉祥寺
52 太山寺
53 円明寺
61 香園寺
64 前
51 石手寺
50 繁多寺
60 横峰寺
石鎚山
49 浄土寺
48 西林寺
47 八坂寺
46 浄瑠璃寺
44 大宝寺
45 岩屋寺
愛媛県（伊予）
35
43 明石寺
42 仏木寺
41 龍光寺
37 岩本寺
40 観自在寺
39 延光寺
38 金剛福寺

はじめに

　大正の終わりに生まれて、昭和、平成と七〇年余も生きていて、あとは死ぬ準備もしなければいけない、と思うようになったのは、本文の冒頭にも書いたように、実兄を次々と亡くした頃だった。

　人間が生まれた以上、死ぬことは必然で、死なない人間はいないという、ごくあたりまえのことをあらためて感じたのである。そんなことを身近の人に話すと「随分のんきな人だ」と叱られもする。

　死ぬ準備もしなくてはという心境になったとき、七〇年余の生きた歴史のなかで、青春時代の思い出も浮かんできた。

　一生懸命生きた年月のなかで、もっとも死に近づき、そしてなんとか死ななくてすんだという時代は、あのいまわしい戦争に敗れ、ソ連軍の捕虜となりシベリアに抑留された時だった。戦友がつぎつぎ死んでいった。一五〇〇名の部隊が一冬で、四〇〇名以上の死者を出した。

兄たちの死のショックが忘れていた空白の部分を否応なしによみがえらせたのだろう。日常では忘れられないことも、忘れてしまわなくてはならないのかもしれない。思い出しても何にも出来ないときにはなおさらである。

四国八十八ヶ所のお遍路だが、現世の利益である健康維持と、縁者の霊を弔うことではじめたのだが、心の底には、青春時代の死生観があってのことと思っている。

阿波のお遍路に行ってきました

発心の道場

古稀の年齢になってから、身近の人たちの死がめだつようになった。とりわけ一昨年の春から一年間のうちに実兄が三人続けて死んだのはショックであった。男の兄弟五人のうち残ったのは一人だけになってしまった。加えて身体の調子も今一つだったので、いつもウツウツとして楽しまなかった。

そこで死者を葬い自身も回復するべく、歩き遍路の旅に出ることにした。

一九九八年（平成一〇年）連休明けの五月六日朝八時五十分羽田空港発の飛行機にのり、約一時間で徳島空港に着いた。すぐタクシーで第一番寺の霊山寺《りょうぜんじ》へ。ここで遍路姿の準備をする。菅笠、白衣、輪袈裟、金剛杖、念珠、頭陀袋、納札、納経帳、輪袈裟止等を購入、代金一万八千余円を支払って装束をととのえると気持がシャンとしてきて、これから歩く百九十キロの道中の無事を仏に祈らずにはいられな

霊山寺、本堂脇の用具販売所

かった。

十一時半霊山寺を打ち出発、二番寺の極楽寺までまたたくうちについた。

ここで打つという言葉を簡単に説明しておこう。四国のお遍路は、一番の霊山寺から八十八番の大窪寺を巡拝することをいう。一番から順番に回るのを「順打ち」といい、八十八番から回るのを「逆打ち」という。また全部を一ぺんに歩いて回ってしまうのを「通し打ち」といい、適当に期間を区切って歩くのを「区切り打ち」という。

ところで「打つ」という言葉は、昔のお遍路は木の札を持っていて、お寺に来ると「参りましたよ」と、お堂に打

弘法大師、手植えの杉（第二番極楽寺）

ちつけたらしい。四国の八十八ヶ所を何番札所といい、参拝することを「打つ」という。現在では紙の「納め札」に住所、氏名、月日を書いてお堂に納めることになっている。なお八十八ヶ所だけでなく、弘法大師ゆかりの霊場を番外札所といって、熱心な信者は参拝を欠かさない。

極楽寺には弘法大師手植の杉というのがあって樹皮を身につけると長命を得られるという。しばし「命」とはと考えてみた。生老病死とは順にくるという意でもあろうが、現在老いて七十二歳。病気はというと、ぜんそくで七年あまり服薬、咋年夏早期胃癌手術、緑内症で右眼の眼圧が時々十七を越える。左上奥歯がグラグラで今にも抜けそう。腰は曲がらないが常に腰痛あり。頭は半分ボケて物忘れがひどい。まァあの世の方に近い所にきている年齢だが、生きて生かされて、こんなことを考えられる暇があるだけ幸せだと思い結論にした。

今日の行動は五番の地蔵寺までの十二キロ余り、快調にとばして三時間半で着いてしまった。この寺には羅漢堂があって等身大で人間臭い顔をした羅漢さまの群像が面白かった。山門前の森本屋に宿泊する。

お接待を受ける

第二日目は十一番藤井寺まで、歩行二十九キロの予定である。六時四十分出発。七番寺の山門をくぐると団体客が入れ違いに出るところであった。その中の老婦人が五百円玉を差し出し「歩きのお遍路さん、ご苦労様です」と、いう。一瞬ドギマギしたが、すぐに、これがお接待というものかと察して、ていねいにお礼を述べて五百円玉を掌にうけた。お接待というのは四国の風土がはぐくんだ宗教的行為で、特に「歩き遍路」へのあこがれや畏敬の感情から人々が物品や労役をすすんで提供する事である。お接待を理由なく辞退してはいけないそうである。この日二つのお接待を続けて受けることになった。

八番寺から九番寺に向かう道は田園地帯がひろがっていて田植えの真盛りである。

農夫婦が軽トラックのそばで休んでいた。通りかかると「休んで行ってくださ い、冷たいお茶があります」と大きなコップに魔法びんから惜し気もなくお茶をそそいでくれる。トラックの荷台から重箱をだして、赤飯の中にあんこが入って桜の葉で包んだものを出してすすめる。

冷たいお茶に甘い餅菓子、ちょっとしょっぱい桜の葉っぱの味にただありがたくて涙が落ちそうになった。

十番寺につくと茶店があって、待っていたかのように茶店のおかみさんが「歩き遍路の人にはお接待させて頂きます」といってゆずの皮が浮んだ冷たいお茶と焼きいもをふるまってくれた。普通考えられないことだが商売の商品までお接待してくれるのである。いかに四国では「歩き遍路」の行為を価値あるものとして、特別大事に昔からいたわっていたかがわかるようである。

切幡寺の長い階段

吉野川を渡る

十番寺の山門さきには「これより石段三百三十段」の立札があるが、実際には、上りきった奥にまだ石段があって全部で四百段以上のぼらなければ本堂には達しない。

四国は島である。海に囲まれているが、島であることは山も多い。これから実感するのだが阿波のお寺は徳島市内の五つの寺を除いて、大抵は山裾か山腹あるいは山頂にある。この十番寺もかなりの高さがあるはずである。

十番寺の参拝をすませ十一番寺に向かう。あと十一キロ余り。途中で吉野川を渡る。四国一の大河であってどんな大河かと楽しみでもある。吉野川の流域は広大な農地で遮るものがない。風が出たら大変だとグングンとばす。やがて堤防にでて橋のうえに立った。これが噂の潜水橋である。大雨で水嵩が増すと交通を遮断してし

吉野川と川島潜水橋

まい、橋の上を水が流れてゆくそうな。面白い構造の橋の必要性など考えていたらとんでもない間違いをおかしてしまった。今渡った川が吉野川だとばかり思ってしまったのである。地図上では橋を渡り右に八十メートル行き左に曲がると地図にのっている曲がる道がない。二百メートルも行ってから気がついて途方にくれていると、運よく前からトラックがきて止まり、若い運転手がおりてきてていねいに道を教えてくれた。元の所まで引き返して二キロほど行くと今度は本当の吉野川であった。

吉野川は思ったより立派な川である。

川幅も広いが風格が良い。ゆったりとしたながれと新緑の木木の中から美しくさえずる小鳥の声、しばし見飽きることがなかった。

　第十一番の藤井寺には四時半についた。今日はいろいろな体験をさせてもらった。自分のミスでつまらないこともあったがほとんどは人の情けに助けられた一日だったと思うのだった。こんな素直な気持になれたのは何年ぶりであろうか。ふじや旅館でお風呂も夕食もありがたく、おいしくいただいて早寝した。

艱難辛苦の山道をゆく

今日は前半最大の難所を歩く。というのは標高差八百メートルの山道を六、七時間かけて登り、その後十二キロの道のりを歩かねばならない。山道は「遍路ころがし」といい健脚五時間、普通六時間、鈍足八時間はかかるといわれる難所であるし、下りの十二キロも馬鹿には出来ない。同宿の誰よりも先に出発した。

はじめのうちはゆるやかだった道も三十分を過ぎる頃から嶮しくなってきた。整備はされていて歩きやすいのだが、行けども、行けども尾根らしきところに出ない。しかも雨が降ってきた。リュックからポンチョをだして着るとこんどは暑くて汗が背中を這う。おまけに三時間位水なしでもいけると思って水を持ってこなかったのだ。とんでもない思い違いをしてしまったものである。これからはどんなことがあっても水だけは持たなければとほぞを噛んだ。

ホトホトに疲れきり喉からつばきも出なくなった時、「流水庵」に辿りついた。湧き水の「とい」から杓子で何杯ものんだ。ここはちょうど半分あたりになる。

水をがぶがぶ飲んで、流水庵の前のベンチに腰を下ろして休んでいると、昨夜、民宿「ふじや」で同宿した中年の夫婦者がやってきた。「やれやれ、えらい道でしたね。これで半分来たのですかね」と主人は大きく深呼吸をして見せた。このご夫妻の遍路姿はまったく宗教色がなくて、山に登るときのかっこうである。登山帽らしきものをかぶり大きなリュックサックを背負っている。シャツの上のベストがよく似合う。軽登山靴を履いておまけにスパッツまでつけている。

「スパッツとは恐れ入りましたね」と言うと、「いや、これが一番いいですよ。水は入らないし、マムシの心配もない」。傍らで細君がしきりにう

柳水庵の居間。お茶をごちそうになる。

なずいている。

「それにしてもゆうべは騒がしかったですね」と水を向けた。というのは、昨日の宿屋では夜の九時過ぎになっても大阪から来たという中年の三人づれの女性たちの部屋だけこうこうとあかりがついていて声高に話をしているのだった。隣の部屋であった自分は我慢ができず何度か注意しに行こうかと思ったが、女性の部屋に声をかけることを躊躇して宿の帳場に行き、主人に静かにさせてと、頼んだのだった。自分ばかりでなく、他の人はどうだったか、そこら辺のことを確かめたかったのだ。

「そうでしたね。あの人たちは歩き遍路じゃないんでしょう。今朝も出発時に

流水庵前にて

焼山寺境内

はいませんでしたよ」と言うが、昨夜のことにはそれ以上ふれなかった。ちょっと拍子抜けがしたが、いまさら三人組の騒ぎを止めさせたのは私ですとも言えず話題を変えた。

「これからどちらへ、どういう予定で」と言うと「もしかすると焼山寺に泊まるかもしれない」と言う。こちらは焼山寺からまだ十二キロメートルも歩かなければならないことを思い出し腰を上げかかると、写真を撮ってくれと言う。お互いに写真を撮りあったが、向こうのほうはニコン製の一眼レフで新式のものらしく、こちらのはフジのコンパクトカメラで、相手を写すとき、光線がご両人の額にあたっていたのを無修正で撮したから、あとで写真ができたとき、あのへたくそめと怒るかもしれない、と思うとカメラをひがんでいたのかもとあとで後悔をした。

少し長い休息のあと、また一人で歩き出した。これから後は楽になる筈であったがこれも裏切られてしまった。というのは上り下りがいつ果てるともなく続き、最後は急な下りを谷に向って転げるように下るのである。三度もすべって下半身泥だらけになった。まさしく「遍路ころがし」である。一たん谷底まで下りて対面の山に上りなおし、六時間半の時間を費やし、ようやく十二番焼山寺の山門に着いた。

時計を見ると一時を少し回ったところである。このお寺は「一に焼山、二に鶴林、三に太龍寺」といって、いずれも六百メートルから八百メートルの山上にあり阿波の遍路の難所とされているところである。それだけに周囲の雰囲気は荘厳で、小雨にけぶる堂塔は、この世のものとは思われぬ美しさだった。

温泉が待っている

焼山寺を打って十四時出発。一しきり遍路道を下ると、コンクリートの坂道に出た。この頃から足が少しづつ痛みだすと同時に空腹になってきた。一休みしようと道端の木株に腰かけ、カロリーメイトとドリンクでむしゃむしゃやりながら靴紐をほどいていると、ワゴン車が寄ってきて「道を教えて」という。立ち上がり応答していると、いつの間にか後からきた車が警笛を鳴らしだした。なかなか、らちがあかないとみると、その運転手が「とにかく乗れ」といって手を差しだして助手席に引っ張りあげてくれた。約二キロぐらいただ乗りさせてもらった。結局、道は教えてあげられずこちらだけ良い思いをさせてもらったのだが、このことでどれだけ助かったかは、この時点では想像もつかなかった。

左右内川《さうないがわ》を絶えず右手に見ながら車道を下りて行くと雨がひどくなってくる。今日何回目かの赤いポンチョを取りだして着る。靴の中はすでに水がしみている。足首のあたりからかかとの骨がかなり痛くなってきた。これからまだ六キロ以上あるはずである。このまま歩き通すことが出来るか心配になってきた。タクシーを呼ぼうかとも思ったが、ここで挫けちゃ男でない、と思いなおし頑張ることにする。しかし痛いものは痛い。歩調も乱れがちな赤いマントの老人遍路が、休み休み町中を行くのであるから、見る人にどんな感じをいだかせるか、少し情なかった。途中何度も「民宿明日香」の所在を聞いて、ようやく尋ねあてた時は精も根もつきはてて、倒れる寸前であった。十七時をすぎていた。部屋に通され入浴券をわたされ、旅館前の町営の温泉に入った時は本当に極楽であった。それにしても何時間かまえの自動車のただ乗りがなかったら、今頃はまだトボトボと歩き続けていなければならなかった。人の情けが身にしみる一日であった。

三日間ためた不精髭もきれいに剃った。

徳島市内の五寺を打つ

今日の歩行距離は二十五キロぐらい。徳島五山といって徳島市の中にある。泊まりは十七番寺の井戸寺の宿坊である。わりと簡単そうだが、最初の十三番寺までは長い。約十五キロはあろう。幸に足の痛みもほとんど感じなくなった。昨夜のうちに洗濯もして、靴の中にも新聞紙をつめておいたので乾いている。ということで今日は気持よく出発できた。

四国八十八ヶ所の札所のうち、阿波の国は二十三ヶ所である。ちょうど半分きたところで総括の中締めをしようと思う。

今のところ身体には異状がなさそうだが遍路の途中で引っくり返り、お陀仏になっても困るので歩きながら病気のことなど考える。

まずぜん息のこと。これが全然発作はおろか息苦しい感じさえしないのである。

もちろん朝晩は常備薬の吸入はかかさないが、胃癌は手術をしたことさえ忘れがち、眼は朝晩薬を点眼して、歯は抜けそうになく、腰痛はなくなり、とすべてが良好で今のところ心配がない。ただ、もうろくだけはいかんともしがたい。

歩くということは健康のために良いばかりでなく病気の予後にも大変良いものだと分かった。だからといって無理は禁物である。「無事これ名馬」ということわざがあるが、これにこしたことはない。

道はやがて鬼篭野《おろの》という部落の小学校をすぎて、大きな丁字路に差しかかった。ここは遍路地図にもあるところでタバコ屋が目印である。店の前のベンチに腰をかけてドリンクをのんでいると、店の前にトラックが停まって配達の品を下ろす。邪魔にならないようにしながら、十三番寺を聞くと、まっすぐ行くと十一キロぐらいだが、右手の一の坂トンネルを通るほうが九キロだからこちらへ行ったほうがよいと教えてくれた。一の坂トンネルを越えるというので「登り坂がきつくありませんか」と聞くと、たいしたことはない、というので右の方の近道を行くことにした。地図上に無い道を行くのは初めてなので、多少の不安を感じたが上り坂もたいしたことはなくて、昨夜の宿から約十五キロの道を三時間半弱で歩ききった。

井戸寺宿坊

ただ県道二十一号線に出たところで八百メートル先に出てしまい引き返したので、時間的には地図上の道とたいして違いはなかった。

十三番の大日寺を打って境内の裏から田園の広がる鮎喰川の流域にでた。途中で自転車でくる主婦に橋を渡る道を尋ねると、川の水際に橋の歩道にのぼれる階段があるからといい、そこまでの道をていねいに教えてくれた。橋を渡ったところに石井商店と看板が出ている店がある。弁当でもあればと思い中に入ったが留守番のおばあさんで、らちがあかない。今日も昼飯は抜きかといやな気分になった。

そんな様子が分かったのであろうか、

店番のおばあさんが、インスタントのラーメンは、というので、それをお願いした。ラーメンの出来あがるまで次の寺までの道順など聞いて時間を有効に使った。店の中で食事をさせてくれたお礼をていねいにのべて外に出た。ちょうど一時半であった。十五番、十六番寺も順調に打って十七番の井戸寺についたのは四時少し前であった。今夜はこの寺の宿坊泊まりである。

寺の宿坊に泊まるのは、はじめてなので堅苦しい気分になるのかと、不安を感じたが、民宿と変わりなく、食堂の大きなケースに冷えたビールやお酒が並んでいるのも安心させる図ではあった。夕食に酒一合、ビール一本飲んだ。

鮎喰川の鮎を喰う

朝五時に目をさますと、同宿の車遍路の人も起きてきて、昨晩の話のつづきになった。この人は歩き遍路のことをとても立派だと思っている。そして自分は糖尿の気があるので毎朝一時間は歩くのだが、歩き遍路は出来ないと残念そうである。私も、病気のことを話して、やれば出来ますよ、と無責任なことをいったりした。そのうち朝のおつとめの時間になって部屋から出ていった。朝のおつとめとは六時から三十分位本堂でお経をあげることらしい。強要はしないが団体のお遍路さんなどの一種のしきたりらしい。自分は宗教的な興味はないので、部屋で一人、今日の予定を地図で確認していた。やがて廊下に足音がしたので食堂に行き、朝食と支払いをして七時きっかり出発した。

今日は十八番、十九番の寺を打って二十番鶴林寺下の金子屋旅館までの三十七キロである。徳島市内の繁華街を通り、市街の背後に連なる山なみの切れるところから山の後にまわり、また山の中に入って行くらしい。

徳島医大と中央病院の建物が終ったところを右折して遍路道に入り静かな住宅街を一時間ほど歩くとＪＲ徳島駅から離れるように県道一三六号線を南下する。途中、眉山ロープウェイの乗り場入口を過ぎたあたりで、反対側の歩道を歩いていた若い男の人が、車道を駈けあしで横切って前に立ち、「少ないですがジュースでも飲んで下さい」と百円玉を一つ差しだす。そしてあとで送るから写真をとらせて、とカ

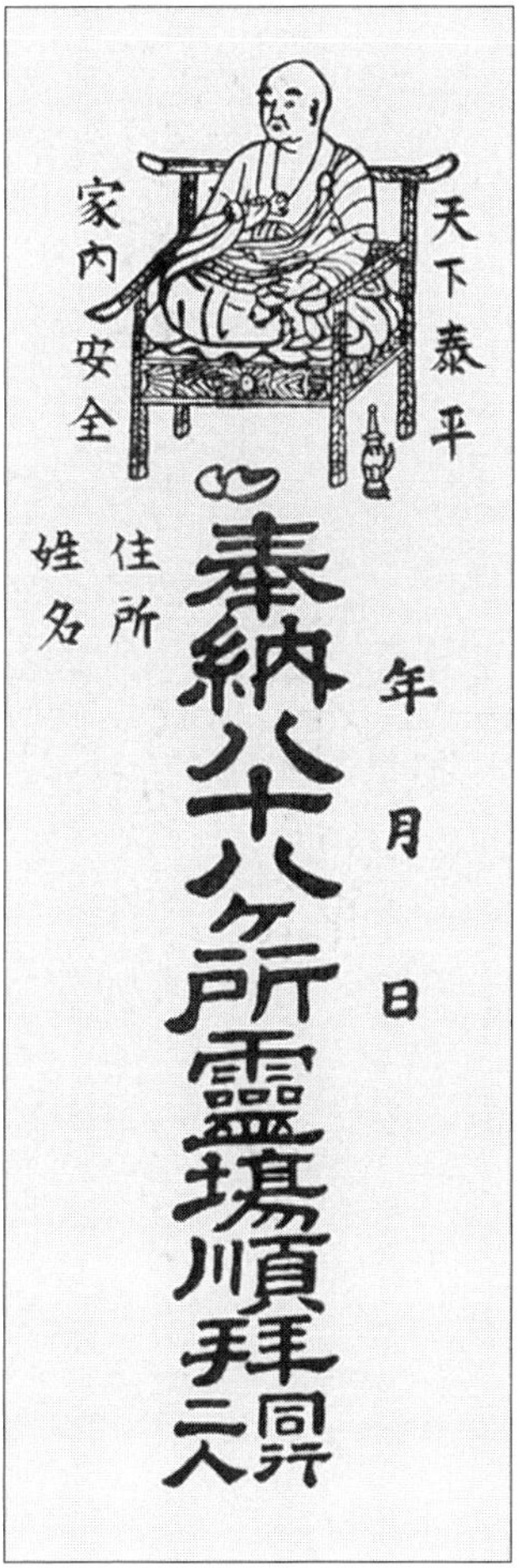

お札

メラを向ける。お接待は素直に受け取り、辞退はしないことと聞いていたので、ありがたく頂だいしてカメラにも心地よくおさまった。住所をいわねばと思っていると、納め札を頂きたいというので、頭陀袋の中から一枚とって差しあげる。納め札というのは、お寺にお参りしましたよ、という証拠みたいなもので紙の札に日付と住所氏名を書くようになっていて、本堂と太子堂に一枚づつ納めてくるお札である。若い人は満面の笑をうかべて「お元気で頑張って下さい」といいながら去って行った。

道はやがてＪＲ牟岐線の線路をわたり勝浦川に出る。そこには地図にものっているのだが、鮎料理の店があるのだ。このことは前から昼食にと楽しみにしていたので、歩く足も勝手なもので多少早くなった。橋の右側にいかにも老舗のような風格の店があった。定食を頼むと、まだ解禁にならないので、半天然ものです、というが、昼飯なので何でもよかった。刺身、塩焼き、酢の物、大満足であった。

お遍路中最大のお接待を賜る

十八番寺、十九番寺と打って、あと十キロ位と思って小さな橋の土台に腰を下ろし十分ほど休んだ。「よいしょ」と声をかけて立ちあがった時、異変が起こった。頭がクラクラっとして目の中がまっくらになった。思わず片手をついてバランスをとりうずくまるようにしたが、今度はどうきが激しくなってきた。これは大変なことになったとしばらく頭も上げずにじっとしていたが、人を呼ぼうにも、こういう時にはみじめなもので人っ子一人通らない。覚悟をきめて座り直し、しずかに深呼吸をくりかえしていると、だんだんにどうきもおさまってきた。一時はもう駄目かと思い病院へ行くことや家の者に連絡するには、などと考えたが大丈夫らしくなった。

そーっと立ちあがり歩いてみると、多少の違和感はあるが普通の状態に戻ったようだ。一過性の症状のようだ。ほとけ様のご加護があったのかも知れないと本当に思った。

ここは勝浦郡勝浦町というところで、二十番寺の鶴林寺まで十四キロ強である。その寺の下三キロほどのところに今日の宿がある。

あと十キロだと思い気持を奮いたたせて歩くのだが足がついていかない。このような時にはあわててもだめなものである。とにかくゆっくりでも足を動かしていれば元の調子に戻るかもしれない、と自分にいい聞かせ歩く。五十メートル行っては休みしてしばらく行った所でうしろから来た軽トラックの警笛に驚かされた。

五十年輩の男性が、どこへゆくのかと言う。鶴林寺の下の民宿までと言うと、その近くまで行くので「お乗りなさい」と言うのである。内心は飛びあがるほど嬉しかったが、「お仕事のお邪魔をしては」とか言ってみたが、ありがたそうな顔が本心をあらわしていたと思う。再び「乗って行きなさい」と言われた時はただ頭をさげて助手席の人となった。

その人は建築関係の仕事をしているらしい。

そして、自分もかつて歩き遍路をしたことがあって、なんでも大変、困った時に助けられたことがあって以来お遍路さんにあった時は必ず声をかけるようにしているとのことであった。その誠実そうな人柄と、現実に助けられたことに対する感謝の気持をどう表せばよいのか。納め札に住所、氏名を書いて渡し、本当にありがとうございます、と狭い車内で頭を下げた。その時、ふっと考えたことがあった。乗せてくれたお札にお金をあげねば、ということであった。十五分程で金子屋旅館の前についた。「ありがとうございました。本当に助かりました」と言って財布をまさぐりお金を出そうとすると、察していたかのように首をかるくふった。その目は慈悲深く仏様のようであった。

金子屋旅館の一室でゆっくり休みながら先程の光景を思いうかべてみた。最後にお金を渡そうとした自分を許せなかった。そしてまだまだ修行が足らないと思った。

為せばなる

今日の予定はまず三キロ強の山道を登り二十番寺の鶴林寺に参り、いちど那賀川の谷まで下りて高度差六百メートルを登り直して二十一番寺の太龍寺のお参りをして五キロの山道を下り民宿龍山荘まで行くのである。二つのお寺はそれぞれ六百メートルから八百メートルの高所にあり、十二番の焼山寺と共に難所といわれている所である。特に太龍寺は南側に全長二七七五メートルのロープウェイがかかり登山の便を図っている。歩き遍路はロープウェイなど使わない。

二十番寺を打って県道十九号線に出たところで道を間違えてしまった。右に橋を渡る道がない。途方にくれていると後からオートバイがきたので手をあげて止まってもらった。オートバイの若い人はしばらく地図を見ていたが、この建物は向こうにありましたよ、といっていままで歩いてきた道の方をゆびさした。とすると曲がる道を行き過ぎてしまったのだ。ありがとうございましたお元気でと、お互いに挨拶して別れた。人の世の交流はつくづく親切を基調にしているのだと思った。

「何とか本宮」とかいう奇妙な神社風の建物を左に見て、なお左に曲がるとすぐ那賀川にかかる橋を渡る。これからは車の通れない遍路道である。標識があって三、五キロの山道をひたすら登るだけのようである。途中「若杉山遺跡」などとあるが見物出来るかどうか。道は途中までコンクリートで固められていて、登りやすい。木枠で組んだ道を一しきり登ると、二十一番太龍寺の山門があらわれた。さきの焼山寺にくらべてあっけなかった。それでも二時間ちかくかかった。

この寺は六百メートルの高所にあり、南麓にロープウェイが出来るまでは、反対側の黒河でバスを下り五キロメートルを歩くしかなかった。小雨にけぶる太龍寺の堂塔はえもいわれぬふぜいである。千二百余年の昔、弘法大師が十五歳の時にこの山によじのぼり修行したと自著の『三教指帰』にあるが、当時の風景もかくやとばかりであった。やはり不斧の高山にある寺社はそれなりの風格があるのである。

参拝もそこそこに下山する。老杉のたち並ぶ小道を一気に駈け下り舗装道路にでて一時間歩くと、今夜の宿泊地ときめた龍山荘の前に出た。これからの事は遍路の心得の非常識のきわみで決して真似てはならぬことである。

今日の宿泊、つまり、いま目の前にある民宿「龍山荘」には予約をいれてなかったのである。そしてこれが無謀というか、づうづうしいというか、結論をいうと予約することを忘れて、今朝になっても、何とかなるさと高をくくっていたのだった。案のじょう勝手口にいた主人らしい人に宿泊を申し込むと「団体客が多いので今日はだめ」と断られてしまった。

予約をしないばかりに目的の宿に泊まれず、これから十キロちかく歩かねばならないのかとガッカリしてしまった、がもう一度頼んでみようと玄関に行き「友達に紹介されてきました。泊まるなら龍山荘といわれたものですから」と年の功のお世辞をまぜて頼んでみたら、「どうぞ、どうぞ」ということになって、一番奥の小さな部屋に案内してくれた。

つくづくとしあわせを感じ、大師さんのお陰かもしれないと思った。明日はこの旅の最後の日、二十二番の平等寺から二十三番の薬王寺まで約三十キロメートルを歩かなければならない。

最後の日

団体客があふれるばかりの宿の食堂の隅で朝食をとりながら、歩き遍路の希少価値など考え、団体客と前後して宿を出た。駐車場には大型バスが二台もいて団体客が乗りこんでいるところであった。

道は、あせびの交差点へ三十分ほどで着く。右にいくと例の太龍寺へ登るロープウェイへ行く道である。まっすぐに進むとお墓のふちの小道になり完全な遍路道になった。しばらく歩くと山道に変わり大根峠という低い峠を越えて九時すぎ平等寺についた。参拝もそこそこに出発した。これから先二十一キロを歩かねばならない。休憩時間を入れたりすると六時間はたっぷりかかりそうだ。おまけに雨がふりそうな空模様になってきた。六キロほど歩くと国道五十五号線にでた。この道からはただひたすらに国道を歩くばかりである、わずかばかりの高低があって右に左に大きく蛇行して時々トンネルに入って行く。トンネルを歩くときは相当の注意が必要である。自動車のライトが目に入る、突風がおこる、おまけに歩道は五十センチにもみたない、これはまさしく自動車だけのための道路である。といっても今はどうするすべもない。自分で注意するしかない。

「星越トンネル」を出たところで待望の茶店があった。鮎すしと、たらいうどんを頼んで昼飯にした。外の雨は本降りになり山々もかすんで見える。あせっても仕方がないので大休止ときめゆっくりしていると、思いがけない人が入ってきた。この人は一週間前はじめての宿泊地であった民宿森本屋に同宿した若い男性である。その後何日か宿を一緒にしたり、時々はこのように昼間でも出くわすことがある人である。昨夜は龍山荘の予約がとれず五キロ程遠回りして、その分だけ遅れたという。「また会いましたね」とその後のことなど語りあったが、今日は日和佐の海岸の民宿まで行く予定だという。再会を約して雨の中を出発した。あと六キロちかく国道五十五号線を一路南に急いだ。途中、青果物屋の出店があった。立ちよると女主人が夏ミカンの小さなものを出し外皮を薄くむいて中の肉ごと小切れにして、食べてみろという。ちょっと苦っぽいが中の肉の味との調和がとてもよくおいしいので一箱家に送らせた。

雨はなお降り続いてはいるが、空は少し明るくなってきた。午後四時半、阿波、最後の寺である薬王寺についた。この寺は厄除け薬師として知られ、男厄坂四十二段、女厄坂三十三段、還暦の厄坂六十一段あり、無数の一円玉が散らばっている。厄を落とせるという。

ご詠歌は、「皆人の、やみぬる年の、薬王寺　るりの薬を、あたえましなす」最後の納め札をおさめ、納経帳に受領印を書いてもらい、今日のつとめも終わった。

これで七日間、百九十キロメートルを歩いたことになる。平均にすると一日二十七キロである。たいして世の中のためになることでもないが、これだけのことは出来たと足をいたわりたく思った。

これで今回の旅は終わったが、何よりも美しい四国の風土と、お接待に表徴される人情が忘れられない。人と人との交流は親切を基調にして成りたっているのだと思う。死者を葬い自身の健康を確認する旅は実りの多い旅であった。

土佐のお遍路に行ってきました

修行の道場

四国を一周するお遍路の旅は全長千四百キロメートルという。バスや自家用車での巡拝はもちろんだが、歩き遍路も同じ距離を歩かなければ目標に達しない。今回のお遍路の予定は土佐の一国詣りである。去年同じ時期に阿波を廻った。その時は百九十キロメートル位の距離だったので、正味七日間で廻れたのである。その経験からして、今度の歩く距離約四百二十キロメートルは十五日はかかるとした。

しかし札所の数は十六ヶ所と少ない。ということは札所間の距離が長いということだ。特に最後の三十七番寺から三十八番寺までが九十四キロメートルと、三十八番寺から三十九番寺までが七十四キロメートルとバカ長いのである。そこで最後の三十九番の延光寺を後日に残して、十五の札所間約三百五十キロメートルを十三日かけて廻ることにした。

物事何でもそうだろうが、いいかげんな計算で辻褄を合わせるようなことは失敗の元である。今度の旅が必ずしも成功したと言えないのは実はそこにあったのだと、あとになって気が付いた。そして、結果として計画を大幅に変えねばならなかった。

一九九九年五月九日羽田発、十時三十五分の全日空機で徳島空港からバスで徳島駅へ。今日の宿泊地の宍喰《ししくい》までの切符を買うと急に空腹を覚えたので、列車の時間を気にしながら、駅ビル地下の食料品売場で弁当とお茶を買って駅に入ると、ホームの売店に「鮎ずし」の看板があり、早くも弁当を買ったことを後悔した。去年勝浦川畔の食堂で食べた「鮎ずし」を思い出したのである。現実と願望が一致しない。これからの旅の行方を暗示しているようでもある。

今度のお遍路の旅に出るにあたって、誓うというと大げさだが心にきめた事が二つある。一つは「素直になる」ということであり、一つは「場合によっては、バス、その他の交通機関も利用して無理のない歩き遍路をしよう」

お札を納め記帳していただき、300円を納めるとこの札をくれる。

ということであった。この年になって身体をこわしてまでもあるまいと思ったのである。こんな考えも後で後悔することになる。

とにかく宍喰町の民宿「えびす」についた。明日からの「修行の道場」のきびしい歩行の旅を夢見つつ早々と寝についた。

国道五十五号線を南下する

民宿「えびす」を六時三十分出発。すぐに水床《みとこ》トンネルに入る。このトンネルを抜けるといよいよ土佐の国「修業の道場」である。トンネル内の自動車の行き来とは別に緊張するものがあった。甲浦《かんのうら》の港は足摺岬から神戸の方へ行くフェリーも通う良港である。その港を一望出来るところへきた。百メートルの高さはあろうか、はるかな下の港のたたずまいはまさに一幅の画のようである。

二時間程歩いて東洋大師への道を右にして行くと浜は近くになり海水浴場やサーフィンの施設が目につく。そして民宿の看板が多くなる。ここらは「野根」というところらしい。地図にトーテムポールの標識があり、どんなものかと期待したが、二メートル位の木彫の道標を兼ねているものだった。自動車の休憩所にもなっていて水のみ場がありがたかった。足に違和感を感じていたので、ゆっくり休みながら

二十四番最御崎寺

靴紐の結び直しをした。

　十分の休憩後出発。同じような道をひたすら歩く。やがて、これより室戸市という標識に出あう。あと二十四キロメートルである。十七キロメートル位歩いたことになる。時間は十一時すこし前。時速四キロメートル位でちょうどいい。それにしても腹が減ってきた。はやく食堂が見つかればいいなァと思いながら佐喜浜町の眠ったような町中を歩いていると、どんぶり物の看板がでている店があって、中をのぞくと満席で座るところがない。仕方なく外へ出ると店主らしい人が申し訳なさそうに外まで出て見送ってくれた。

それからの食堂までの道の長かったこと。海のそばの小屋がけの売店に着いたときは十二時半をすこし回ったところだった。メニューを見るとカレーライスが無しとしてあり、焼そばの値段が五百円と二百五十円とふたとおりになっているので聞いてみると、インスタントでお湯を入れたものが安く、生麺を鉄板で焼いたものが高いとのこと。言われて回りの棚を見るとインスタントのカップ麺などが並んでいる。五百円のを頼んで冷たい麦茶をガブガブのんでいると、女主人はおもむろに話しはじめた。このオザキというところは、高知県に入って二十四番札所までのちょうど半分を来たところでお遍路の人は大概ここらで泊っていくのだとか言って、国道の向こうに立派な民宿があるとか、いかにも泊まってもらいたいような顔をするが、聞き流して出発した。相変わらず左手に景勝の海を見ながら国道を歩く。眼前に大きな岩が立ちはだかるところに来た。夫婦岩というらしいが、そばに寄って見ることもなく通過した。

朝からほとんど休みなく歩いて足が棒のようになってきた。左、右と交互に出しているだけの状態になり、ちょっとつまずけばバッタリと倒れそうになる。三十キロメートルは歩いた計算になる。津田沼から新橋ぐらいの距離だなァなど考えているとますます足が動かなくなる。夫婦岩から二キロメートルくらいのバス停でおもわず立ち止まり後を振りかえってしまった。ところが、タイミングよくバスが来て停ったのである。バスの運転手さんが老遍路をうしろから見て哀れをかけてくれたのかも知れない。

室戸の青年大使像

十分程バスに乗ると白い大きな青年大師像が見えたのでバスを下り、大師像にお参りして、二十四番札所最御崎寺《ほつみさき》の登山口に着いた。

天気も変わって小雨も降りだしてきた。昔の参道を休み休みゆっくりと、時間をかけてついに今回初めてのお寺に着いたのである。今日はこのお寺に泊まる。

二度ある事は三度ある

俗に「二度ある事は三度ある」とのことわざがあって、悪いことの連続と、油断するなという意味に使われているようだが、今回のお遍路ではっきりとその意味を知った。

二十四番札所の最御崎寺を七時に出発。参道の長い下り坂をゆっくり海岸の国道まで歩く。絶えず前方に太平洋を見ながらいくえにも折れ曲がった車道を下りていく。空は抜けるような青さで、絶好のお遍路日和である。

生魚のほのかな匂いがする眠ったような朝の港町を歩くと、昨夜からの疲れもふっとび、今日もまた五体満足に歩くことの出来る幸せを感じた。

しかしその幸せも長くは続かなかった。室戸魚港を過ぎたあたりからお腹がゴロゴロしだし、便意を催してきた。はじめのうちは「あと二キロ」くらいだから我慢が出来るなど思い、最悪の場合はどこかで用を足そうかと、キョロキョロあたりをうかがうが、適当な所がなかなか見つからない。少し木立ちがあるとそこは人家の庭であり、空地は道路から丸見えである。お腹の緊張は極限に達してきた。催す時間がだんだんと短くなる。目から火の出るような悪戦苦闘を強いられていると、木工の作業所らしい所があって早出の工員が建物の扉を開けたところに出会った。天の助けとばかりその人に便所の使用をお願いしたのだが、「ここは作業所なので便所はありません」と簡単に断られてしまった。

じつを言うと、このような事態になるのは二回目である。去年のお遍路に大変苦しんで二度とあってはならないと誓ったのだったが、今はもう「勝手にしろ」と開きなおると案外に我慢が出来て三百米ぐらい歩いたときタクシー会社の便所を借りて事なきを得た。

「今日もまた、歩行の修行が始まるのだ」と実感した。そして二度ある事は三度ある、ことにならないよう、誓いなおすのだった。

二十五番札所の津照寺《しんしょうじ》はすぐそばであった。

お接待をいただく

津照寺の長い百二十五の石段をのぼると、眼下に太平洋がひろがり、室戸岬と港が素晴らしい点描をあたえている。きょうの予定は安田町までの四十キロメートル強である。津照寺から一時間半で金剛頂寺についた。金剛の頂きであるから山の上かと思ったがなだらかな所を少し上ったところで拍子抜けしてしまった。駐車場に売店があってアイスクリームを売っていたので食べながら休憩した。「小夏」の箱があったので値段をきくと一箱六千円という。高いので買わなかった。「今年は小夏の出来が悪く値段がたかい」と店の人は言っていた。

再び国道五十五号線に戻り行当岬《ぎょうとう》を過ぎるあたりから右手に山がせまり、遠くからでも分かるのだがビワの木がたくさん栽培されている。道路の看板を確認しようと後を振りかえったら年輩のご婦人が息をはずませて追いかけてくる。「ようようわかったんかいな、たいぶ大きな声で呼んだんじゃけ」という。彼女がしきりにお遍路さんを呼んでも声が届かなかったらしい。「どうもすみません、うっかりしていたものですから」とわびると、にぎりしめていた右手を開いて貨幣を見せながら「これをどうぞ寺に納めて下さい」と差しだしたものは、古い真っ黒になった五円玉と一円玉三枚であった。「お遍路さんに上げてもろおーと、ずーと持っていたものでなぁ」とうやうやしく出されたのには、胸一杯になってしまった。昭和二十八年の五円玉であった。今年初めてのお接待は何と素晴らしいものであるか。長い年月、お遍路さんに託してお寺に納めようとしていたものを自分が受け取ったのだ。その感激に「必ず必ずお寺に御奉納致します」と去っていく御婦人に頭を下げたのだった。

　ビワの甘い匂いがたちこめる町中を歩いているとビワを売る農家がたくさんあって、軒下に箱づめが積まれ、出荷を待つばかりのようである。試食用のビワが皿に並んでいる。房州のビワにくらべると小ぶりである、味はどうだろうか、など考えながら歩いていると、女性が紙袋を下げて追ってきた。「お遍路さん、これ食べて下さい」といって紙袋を手わたす。見るとビワがたくさん入っている。「ありがとうございます、南無大師遍照金剛」とやらねばならぬところだが、先程の試食のビワのやせ細った姿を見ては「ありがとうございます」とだけしか言わなかったが不謹慎であっただろう。それでもおばさんはニコニコ笑いながら去って行った。

木陰のある涼しい所へきてビワを食べたが、いくら食べても減らない。十個以上食べたがまだ残っている。そのうち味が塩ぱいようになってきたので、申しわけないが残りをその場に捨てた。あとで考えてみると、試食用のビワが印象に残っていたので頂いたものをうまく食べられなかったのではないかと、お接待のご婦人に申し訳なく思った。

意固地になる

奈半利《なばり》の町に入って大きな橋を二つ渡ったところで足が痛くなり引きずるようになってきた。残念ながら今日もバスの厄介にならなくてはと少し悲しい気持で停留所でバスを待っていると、間もなくきたバスの中に歩き遍路が一人乗っていた。「私もこの先でへばっていたところバスがきたので乗ってしまった」という。こちらの胸のうちを見すかされているようで何だかいやーな気分もしたが返事をしないわけにもいかず適当に答えるのだが、内心「俺はそんなつまらんことでバスに乗ったのじゃない、どうしても避けることの出来ない選択だったのだ」などと、わけのわからないことを考えていた。そんな気持から相手と同じ行動を嫌って、予定の下車する一つ手前のバス停で降りてしまったのだ。いやらしい、意固地な行為である。そして悲しくも素直になれないことであった。その罰はすぐにやってきた。「ドライブイン27」という宿に着いた時、時刻はまだ三時半を少し回ったところだった。宿のおかみさんが言う。

「今からだったら日のある内にお寺に行ってこられるから今日中に済ませておいたほうがいい」と言うのである。先ほどのお遍路さんも三十分程前に出かけたと言う。その人はバスの相客である。おかみさんに言われて大いに迷ってしまった。今から行くとして往復八キロメートルは平地なら二時間もあればよいが、めざすお寺は標高四百五十米の山である。おまけに勾配がきつく俗に「真縦《まったて》」と呼ばれる急勾配が千米もつづく難所らしい。納経時間の五時までに着くかどうか。先客が行って自分が行けないというのも、いまいましいし、と、心せかれるままに、あとさきの考え事もいい加減にして宿を飛び出した。はじめのうちは一キロを十分で飛ばせたが、例のマッタテという坂道にきてからは十歩行っては三歩休み五歩あるいては二歩休みの状態になって休みの時間のほうが歩く時間より長くなってきた。万事窮するである。人間、素直にならないとロクなことにならない。

変に悪固地になって、バスの乗客とは違うぞと停留所を一つ手前で降りてしまって三十分の時間をロスして大変な難儀をかかえてしまった。五時までにお寺につかなければ、明日また出なおしである。納経所で朱印を押してもらうことだけがお遍路ではないが、朱印がなければ参拝したことにはならない。もうどうにでもなれと開き直った気持になった時、下から空のタクシーがきて止まってくれた。あとはタクシーにまかせてお寺に参拝。宿まで帰ってきた往復四千八百円は当然の罰金であるとあきらめた。

「こなつ」を買う

今日も快晴である。六時三十分に宿を出る。昨日は素直になれない故にいやな思いをしたが、今日はどうだろうか。まずは何だかだといっても毎日三十キロメートル以上も歩ける頑丈な体に産んでくれた父母に感謝しなくてはなるまい、と殊勝な気持になって歩いていると店やがあって思いがけず「こなつ」を売っているのが目に入った。「こなつ」という果物は小ぶりの夏みかんでうすくきって皮まで全部食べられる、四国地方の特産品で去年のお遍路の時、家に送ったら好評であったので、今回も機会があったら求めたいと思っていたところだった。里心がついていた時で、値段も手頃だったので宅急便の手配をたのんだ。

今日の予定は二十八キロ先の国民宿舎「海風荘」である。風光明眉なところという。しかしこの宿舎のある手結《てゆい》岬はかつて戦争中人間魚雷「回天」の特攻基地だったという。無謀な戦争は特に若者達を犠牲にした。当時は国民をまさに「死ね」と追いやる時代であった。今また好戦的な諸勢力がはびこっていく時、平和の声を国の隅ずみまで広げることが大事だと思った。

そんなことを考えながら少しの休憩をして立ちあがると、店の女主人が「国道を歩くのでしたら、海辺の自転車みちを歩かれた方がいいですよ」ともう一本の道のあることを教えてくれた。この道は海岸の護岸の上を自転車が通れるくらい広げてあるもので快適で静かな涼しい道であった。二十キロ先の手結岬まで続いているという。昨日は気持の持ち方でさんざんな目にあったが、今日はまた嬉しいことの続く旅になりそうだ。「八流《やながれ》」という美しい風景の所に大きなレストランがあってゆっくりと昼食をとった。

海岸の自転車道は長く果てしなかった。国道五十五号線と並行して鉄道がつくられている。室戸岬から高知のほうへ行くらしい。どこへ行ってもダンプやミキサーが稼動している。トンネルと高架の作業所がいたる所にある。そしてこの防波堤は本当に長かった。まっすぐに三キロほど行くと入江にぶつかり右に曲がってまた三キロぐらい行って安芸市を通り芸西村を抜けて夜須町に入った所で道は消えた。

今夜の宿である「海風荘」へはあと四キロくらいであろう。ふたたび五十五号線に戻り、ゆるやかな坂をのぼったり下ったりしていると、トンネルが見えてきた。このトンネルの上に出て海側の方に行かないと「海風荘」に行けない。歩いている人に聞いて入り口を確認した。眼下にトンネルの入り口が見える所までくると、大きな看板がかかっていて「海風荘」はすぐそこであった。今日はとても朝からハッピーな気持で三十キロメートルを歩き通した。「海風荘」に着いたのはまだ四時前であった。

ホテルに泊まる

今日の予定は二十八番大日寺、二十九番国分寺、三十番の善楽寺に行って寺の宿房に泊まるつもりだ。距離は昨日と同じ三十キロ。昨夜は「海風荘」の大きな部屋で一人ゆっくりと休んだので足どりも軽い。今回の旅の初日、高知と徳島の県境では案内板に高知市まで一五〇キロとあったのが、いよいよ今日の夕方までには高知市内に入れるのである。感激である。少しの距離をバスとタクシーの厄介になったが、ともかく百二十キロを三日で歩き通したことになる。そして明日は有名な桂浜やはりまや橋の近くまで行かれると思うと自信めいたものが湧いてきた。が、物事を甘く考えると失敗するのは今までに経験してきたことである。相変わらず国道五十五号線のほこり臭い道を歩いて、野市町の分岐から大日寺の参道までは順調に行けた。この道の先には竜河洞という名勝があって徳島県である。坂本竜馬がどうしたとかの古蹟も多い。二十分ぐらい石だたみの参道を登った所が山門であった。このお寺は派手さはないが自分ごのみの質実剛健のおもむきがある。先をいそぐので見物もほどほどで下山する。野市町をだいぶ過ぎた所で道を間違えたことに気がついた。五、六百米くらい前に出てしまった。国道に来てしまった。お遍路の行く道は、出来るだけ最短距離を行かなければ意味がない。土地の人に聞いて元の道にもどったが、一キロ半ほどロスをしてしまった。なかなか思うようにいかないのが常である。気をとりなおして「ごめん」という土讃線の駅の近くから国分寺へむかう。ここは「土佐日記」の作者、紀貫之の居住したとされる跡もあり、実に千年余の年月が続いているうたかたの歴史が残っている。金堂の屋根も柿葺という特殊なもので、国の史蹟にもなっている。国分寺を打って県道を北上すると土佐一の宮「善楽寺」は十キロ、約二時間半の行程である。

道の両側の田んぼに早稲が青々と波打っている。しかしコンクリートの照り返しがつよくて暑い。ひたいの汗は拭っても消えない。今日はこれから行くお寺に泊まるので、いそぐ必要もないのだが、この酷道を早く終わらせたいと足がせく。善楽寺には四時十分についた。このお寺は、土佐一の宮の別当寺で、明治初年の神仏分離令によって廃寺にされた。その後札所をめぐってのあらそいもあり、世の変転を味わって今日があるようである。そのせいか建物がどこそこ新しく、趣もあさい。しかし歴史は古く弘法大師の開基とされている。納経所で宿坊のことを聞くと現在は経営していないという。さあて困ったことになったと思っていると、あらかじめ用意してあったらしく印刷された紙片を渡された。高知市内のホテルの名前と電話番号が書いてあり、連絡すれば何とかしてもらえるということである。これからまた一時間以上歩くのかと落胆したが嘆いてみてもしかたがないので公衆電話で宿の予約をたのむと「ザンビア高知」というホテルがこころよく承知してくれた。

土佐神社の杉並木にでると、タクシーが二、三台客待ちしていた。何かに引かれる思いでホテルの所在をきくと、そのままタクシーに乗りこんでしまった。寺に宿坊がなかったのを言い訳にしてまた乗り物に乗ってしまった。そんな自分がいやらしく、情けなかったが、ともかく、ホテル「ザンビア高知」についた。

高知市から土佐市へ

昨日の「ザンビア高知」は良いホテルであった。今までのお遍路の旅で最高であった。二十畳の和室でバス、トイレつき温泉宿みたいな大風呂があり、値段も素泊まりの料金で四千五百円であった。

ただし、夕食に穴子づくしというのを頼んだら、いろいろと趣向をこらした料理が出てきたのはよいが、てんぷらはぶつぎりのがでてきたりお汁の中やご飯の中にも穴子が入っていて少し食傷ぎみになった。

朝方の高知市内は行交う人もまれで、ホテルから一時間半ほどで三十一番札所竹林寺の山下についた。これから百五十メートルの山に登る。整備された自動車道は歩き易いが、単調で疲れる。石と土の山道はやさしいおもむきがあって同じ時間を使うなら山道を歩くほうがよほど良い。ほどなく裏門についた。

この竹林寺は、高知の有名な民謡である「よさこい節」の中にある「坊さんかんざし買うを見た」とあるその坊さんのいたお寺で、その民謡は町娘との悲恋を歌ったものである。またこのお寺は高知市の南に位置する台地に植物園や公園と一緒になり市民の憩いの場にもなっている。

歴史も古く行基上人の開創という。本尊の文殊菩薩は国宝である。下りの遍路道を一息で下り、下田川の護岸を歩いていると、軽自動車が追い越して止

三十一番五台山竹林寺

まった。中から白髪の婦人がおりてきた。「お一人で歩いているのですか」と聞くので「はいそうです」というと「これはお接待です、お元気で行ってください」といって千円札をさしだす。ありがとうございます、といって受け取ったが、団体の車遍路からはぐれた遍路と見られたような、何だか歩き遍路を否定されたようで素直になれなかった。だが、ご婦人はきっと複数人たちの一人かも知れないと思ったのではないかと考えなおし、ひとこと言葉が足りなかったと、顔を上げた時にはご

婦人は自動車の中に入るところであった。

これから行く三十二番禅師峰寺《ぜんじぶじ》は南国市の十市《といち》というところに海に面して小高い丘の上にあるが、あと六キロぐらいだろう。最近できたらしい広い道路を南にむかって行く。明治維新に活躍した土佐藩士、武市半平太の生家などがある。小さなトンネルを抜けるとお寺に着いたが、お参りもそこそこ出発しなければならない。今日の宿に着くまでにはまだたっぷり五時間はかかるだろう。現在時刻は十二時を十分回ったところである。これからはわりと分かり易い道だが距離は長い。とにかく歩くしかない。

南国市からまた高知市に入り海ぞいの道を西に行く。防風林の中の道だが風もそこそこに吹いて気持がいい。一時間半ほど歩くとフェリーの乗り場についた。このフェリーは浦戸湾にかかるもので、浦戸大橋が出来るまでは「浦戸の渡し」であった。一キロメートル以上の距離を約五分でむすぶ。料金は無料だ。日中は三十分間隔の運航である。もちろん自動車も無料でそのせいか三台ものった。

三十三番のお寺を打ってなおも西に進んで行くと、小さな橋を渡ってハウス栽培の村落に入った。右も左もビニールハウスである。野菜の栽培が主なようだがハウスの数がやたらと多い。そのうち出口が分からなくなってしまった。村の人に聞きたいが、その村の人の姿が一向に見つからない。ハウスの中にいるのかも知れないとハウスをのぞくのだが、たまに人の姿を見つけても奥の方で言葉もかけられない。こういう時が一番こまる。途方にくれていると、軽トラックが通ったので手を上げて止まってもらった。不意に止められた運転手ははじめ仏頂面をしていたが、気の毒に思ったらしく親切にしてくれた。反対側の方へ行きそうだったらしい。とにかく困難は打開された。ありがとうという言葉をていねいに言う。また橋を渡って田んぼのほとりや人家の前を通り三十四番の種間寺を打って、本日のお寺の参拝はすべて終わってほっとした。あとは、土佐市高岡の「喜久屋旅館」に行くばかりである。

春野町の町中を歩いてあと三キロ程のところまで来たとき足がつってしまった。農協の前である。建物の回りの縁石に腰をおろして靴を脱ぎ足をもんでいると職員が出てきた。「どうしました。中に入って休まれたら」とすすめてくれる。「大丈夫です。足がちょっとつっただけですから」と断るとその人は中に入っていく。足のつりは痛みはないが違和感がとれない。しばらくもんだり、さすったりしていたら、また職員が出てきて「どこへ行くのか」と聞くので「喜久屋旅館」の名前をいうと、知っているらしくて「そこならタクシーで行けば五、六分で行けますよ、今電話してあげますからちょっと待っていて下さい」と、あっという間の出来事であった。その人は再び出てきて「五分位できますから待っていて下さい」という。今更断ることも出来ず礼を言ってはみたが、こちらの様子をみて、これ以上歩く気のない気配を見破られたかと情無いことであった。

「喜久屋旅館」のおばさん

タクシーは喜久屋旅館の前に停まった。五分位の走行で料金も二千円以内であった。

「喜久屋旅館」は、歩き遍路のなじみの宿で女主人のきっぷのよさは定評がある。どんな人かと楽しみにしていたが、いくら呼んでも出てこない。しかたがないので町の中を少し歩いてみることにした。喜久屋の前にも民宿の看板が出ていたので、覗いてみたがやはり人の気配はない。疲れた足を引きずりながら十分ほど町中を歩いて喜久屋に戻ると、おかみさんも帰っていた。買物だったという。「昨日、へんろみち保存協力会の宮崎さん一行三十人余が来られて、ドンチャン騒ぎでくたびれてしまって、今日は店じまいと思っていましたが、泊めるだけなら」と言ってくれた。町中なので食事の心配はないし、お風呂も沸いていると言うので宿泊をお願いした。

「へんろみち保存協力会」というのは、四国八十八ヶ所の遍路道を昔のままの姿で保存することを主な目的の団体で、宮崎さんという人は長年の功労者である。五月の上旬に区間を定めて毎年へんろ道を歩くという。昨日はその日にあたっていたようだ。近年、四国の巡礼が盛んになり年間十万人を越す人が参加するという。そのうち歩き遍路は二千人くらいらしいが、巡礼はやはり歩き遍路が本流であることには変わりはない。その歩き遍路の人たちに歩き易い道を保存しようと骨を折ってくれている団体でもある。私たちもただ歩けばよいというものでもあるまい。やはり人間は生きている、というより「生かされている」ということだろう。夕食を町中の食堂で済ませて宿に戻ると、おかみさんは待っていたかのように二枚の地図をだして、明日行く三十五番札所の清滝寺と三十六番青龍寺へ行く道を説明してくれる。二つのお寺は語呂が同じようだが、三十五番はキヨタキジ、三十六番はショウリュウジと発音する。いずれも間違いのない近道ということで懇切ていねいである。しかし一ぺんで覚えられるものではない。そこそこ納得して寝たのだが、これがまた、失敗であった。

朝六時起床、支度をして六時半に出発した。町の外れから一面に田んぼのひろがる平野に出る。めざすお寺は三キロほどかなたにある山の中腹にある。往復一時間半という、田んぼのふちを左に行っては突きあたり右に行ってはまた突きあたりとジグザグと地図に書いてある通りに歩いていると山がだんだん近くなって、県道に出たところが山門に通じる参道のはじまりであった。これから「流汗坂」と呼ばれるかなり急な坂を三百米の高さまで登らなければならない。一汗かいて道端のおびただしい石の地蔵さんが並ぶみちを山門から振りかえると高岡の田園は絵のようにかすんで見えた。この地方はまた良質の和紙の産地で、和紙を生産するのにかかすことが出来ない水に恵まれたところでもある。そのせいか町全体がかすんで見えるのも水蒸気が多いのかも知れない。

朝早くの納経をすませて「喜久屋」に戻ったのは八時で予定の時間で本日はじめの札所を打ったのである。宿のおかみさんに窓ごしに挨拶すると「早かったですね、私も出かけるところです」と言ってよそいきの服装で顔を出すと「昨日の地図のように行けばいいのです」という。本当はもう少し詳しく道順を教えて貰いたかったたが、外出姿に気押されて外に出てしまった。このことがあとからくやまれる失敗である。「喜久屋旅館」をでて、右に行くところを左に行ってしまった。大きな三叉路にでてなんだか間違っているような気がして書いてある地図を出して見るとまるきり違う方向である。愕然とした。困ったことになったと道端に腰を下ろし遍路地図を出して調べると遠回りだが行けないことはなさそうである。ガソリンスタンドの店員に聞くと、自動車のお遍路はみなこちらの道を通るとのこと。つまり右回りか左回りかの違いらしい。それにしても、昨夜はあれだけ納得していたが、ほとんどその記憶が残っていない。まことに情けないことである。三十分はゆうに損をした計算である。気を取りなおし、しばらく行くと「塚地トンネル」の入り口についた。かたわらが小公園になっていて、かっこうの休憩所である。その奥からが塚地峠の入口である。峠越えは山道だから、苦しいこともあるが、トンネルの中も楽ではない。今回は峠道を選んだ。初めのうちはかなり急な上りの連続だったが、それも二十分ほどで、平らな尾根を気持よく踏んで行くうちに樹間から海が見えてきた。やがてトンネルの道と合わせて海岸に向かう、突きあたったところが海で「横浪三里」という、対岸が「横浪半島」でめざすお寺のあるところだ。これも「喜久屋」のおかみが教えてくれた「新漁丸」という食堂に入って昼食をとり、リュックサックを置かせてもらって青龍寺に行く。対岸へは、「宇佐大橋」という橋をわたる。地元の人はこの橋を「しんどい橋」というそうだ。全長七百メートルにちかい長さがある。昔は「渡し」があって座って行けたから、この橋を歩いて渡るようになって、けっこうしんどいのかも知れない。岬の突端を三曲がりぐらいして、「三陽荘」という大きなホテルの隣りから参道になる小道を入る。

一キロ程行くと八十八仏の地蔵さんが並んでいる所を通り石段を上って本堂についた。

歩行の行とは

宗教というと、神社、仏閣、寺院を思いがちだ。固定化した宗教という面ではプロセスとして定住する。しかし、本来の宗教は歩くことを抜きにしては考えられない。いつの時代でも原始に帰れ、というのが宗教の命題であった。歩く宗教である。はじめは遊行した、深山幽谷にわけいり、岬の洞窟で修行するのである。そしてそこになんらかの印を残した。

あとに続く人たちが小詞をつくり、同じように後代の人々が歩き、巡りして現在の巡礼になったという。歩くことと、巡礼の旅は宗教的実践の第一歩である。

四国は死国であり、古代から死霊の集まるところであった（他界）。そこで死装束をつけた遍路自身が死霊となって、さきに他界に赴いた親族等（先祖）と共に巡拝して故人の菩題を祈ると同時に自身もまた難業苦行の未来来世の安楽を願うのである、という話をどこかで聞いたことがある。このお寺はまさにそんな感じを抱かせてくれる寺である。こんな辺ぴなところに、よくぞこんな立派な建造物を作ったものだと感嘆せざるを得ない。それだけにこのようなところを好んで巡拝した昔の人の精進がしのばれるのである。

岩本寺への道

新漁丸食堂にもどってリュックを受け取りまた長い国道の旅を続ける。めざすは須崎市の民宿「さざなみ」という宿である。あと十六キロぐらいらしい。行けども行けども変わらぬ眺望の海岸線を歩くのは、ある意味では大変に辛い。二時間ほど歩いたところでタクシーに乗ってしまった。「民宿さざなみ」には人がおらず運転手が「もう少し先に行ったほうが良い旅館があります」というので、市街に入り「焼坂」という民宿でおりた。一階は食堂になっていて何人かの客がいた。二階に案内され「夕食は下の食堂で、朝食は時間が遅いので作れません」と言われる。ビールとカレーライスで夕食とし、風呂に入って早めに就寝した。

昨日もまた最後をタクシーの世話になってしまった。自分の足では一日に三十五、六キロが限度のようである。弱音をはかないで何とか決めた一日の距離を歩き通せないものかと思う。ただし病気や怪我をしないためにはほどほどになどと、楽になることの方の考えが先に立つ、どうも情けないことだ。

今朝もまた天気は上々である。昨夜はぐっすりと寝たせいで気分も爽快である。六時すぎ、まだ明けきらぬ須崎の町を西にむかって歩く。国道がバイパスと会わさったところで、はッと気がついた。金剛杖を持っていないではないか。両手が軽い。いつもどちらかの手で繰りだすあの感じがない。これは大変だと思った瞬間逆上した。「ええい、ままよ、このまま行けばいい。そのうちに杖を売っている店があったら買えばいい」と、一、二歩踏みだして、再びことの重大さに気づいた、(杖はお大師さんの身代わりである、お大師さんと一緒に歩いているのではなかったか)ということであった。建前としてはお大師さんに導かれて巡礼を続けているのだった。それを旅館に忘れるなど何事かとどこかで叱る声がするのである。それでも引き返すにはかなりの距離がある。こういう時にタクシーが来てくれれば本当にありがたいがと、自分本位の気持になりかかって来たので、さすがに首を振って、(これはお大師さんが我に試練を与えてくれたのだ)と結論づけて急いで引き返すことにした。民宿に戻ると、ちょうど女主人が起きたところだった。わけをきいて目を丸くして二階の部屋から杖を取ってきてくれた。恥ずかしいやら情けないやらであった。

往復で約一時間の時間をロスしたが、あまり深く考えないことにして前と反対側の歩道を歩いていると、開店したばかりのホカホカ弁当屋があったので、店の中に腰かけて朝食をさせてもらった。アルバイトらしい女の子がめずらしそうに見つめていた。

七子峠の入り口にある遍路標識

今日の行程は四十三キロである。この区間の国道五十六号線はトンネルの非常に多いところである。十一ヶ所あるらしい。もちろん他に逃げ道はないが途中、久礼坂の第一から第四までのトンネルは峠越をするのでトンネルを通らなくなくてすむ。地図上では、海岸線とつかず離れずのようだが、実際は山の中をずーっと歩くらしい。

須崎市をはなれて、中土佐町に入ると久礼の港がある。百メートルくらいの高さから見おろす久礼の港は活気に溢れているようだ。音楽が聞こえてくるので、通りかかった人に聞くと、今日は「鰹祭り」だという。そういえばこの土佐久礼という所は、漫画雑誌に連載された『土佐の一本釣り』という青木裕介さんの漫画でおなじみの所である。あの漫画は若い一本気な漁師が主人公であったと柄でもないことを考えながら久礼をすぎた。

いよいよ久礼坂トンネルである。ここから七子峠を越えなければならない。国道と遍路道の分岐について田んぼの中の小道をぐいぐい歩いていると、後の方で声がするようなので振りかえったが人影も見えないのでそのまま行くと、自転車に乗った農婦があとを追ってきた。さっきから声をかけているのだが聞こえないので自転車で追いかけてきたという。顔中大汗である。「どうもすみません、声はしたようですが」「少し行き過ぎました。百メートル位あと戻りした方がいいです」と道を教えてくれるのだった。二人であと戻りすると、立派な道しるべが立っている。何でこんな大きな石碑を見のがしたのだろう、と恐縮していると、「今朝方へんろ道保存会の人たちがここを通りました」という。いつの間にか「喜久屋旅館」で丸一日遅れていた距離が追いついていたらしい。とはいえこちらはタクシーを使ったりで褒められた図ではない。一行は久礼の港近くに宿をとったらしい。

　そんなやりとりがあって、ご婦人は「しばらくここにいて下さい。今お接待を差し上げますから」と頬かぶりをし直して自転車に乗っていった。ちょうど靴の紐を結び直したいと思っていたので大いに休むことにした。かたわらの石碑は実に立派なもので、高さが二メートルはあろうか、七子峠越えの道標でこの碑を建てた由来が書いてあり、へんろ道保存協力会と地元の久礼の人達が協同で建てたものとある。写真を何枚か写しているうち、ご婦人がかえってきた。

高知県中土佐町久礼七子峠の入り口。三十六番青竜寺まで３９キロ。

「これお接待です。へんろ道保存会のみなさんにも同じものを差し上げました」といってビニール袋を差しだす。「ありがとうございます。すっかりお世話になりました。お礼を差しあげたいので住所とお名前を聞かせて下さい」と、手帳に書いてもらって別れた。

この峠道のはじめは、かなりきつい上りで三十分ほどは汗がしたたり落ちるくらいだったが、尾根筋に出ると下から吹きあげてくる風が心地よい、一時間半ぐらいで峠を越えた。歩く道は相変わらず国道五十六号線である。ここは窪川町でＪＲ土讃線が山ぞいを走っている、仁井田という所で電車に乗ってしまった。

四万十川の中村市へ

昨日は四時頃岩本寺に着いたのだが、境内に演芸の物まねで有名な「江戸屋猫八」さんが、付き人と一緒に歩いていた。他の人は気がつかなかったようだが、「猫八つァん」と声をかけると「お、おお」と返事をしたが、芸能人に声をかけたのがはじめてなら、どんな反応があるかと期待していたのだが、この程度のことなら何も名前を呼ばなくてもよかったのではないかと僻んだ気持になった。

昨日同宿した、七十五歳の人はいち早く朝の勤行に本堂に行った。誰もいない部屋で今日の行程

三十七番岩本寺

をしらべていたが、頭の中がまとまらない。ここは一番住職の話しでも聴いて見るかと、本堂へ行ったが、説法もおわって雑談みたいになっていた時だった。本堂の天井画は各地から募って書いてもらったそうだ。五百何十枚かあるそうだ。本堂の天井一杯に並んだ絵は宗教画だけでなく現代画も多く順礼の人たちは天井を仰ぎ見てその豪華さに驚いていた。またこの窪川町というところは、清流で有名な四万十川の上流部で海抜二百米の高地であるから霧が多く発生して、川は蛇行を繰り返して海に落ちるので四万十川の景観はそれらの条件が作り出すのである、というような話であった。朝の勤行もおわり、朝食もとって今日の旅の準備をする。同宿の信仰厚きお遍路さんもほとんど同時に立ち上がり、一緒に山門を出た。左に曲がり三百メートルぐらい行くと、人家は絶えて田んぼの中に入る。どうも様子がおかしいと思って、人に聴くと「反対を歩いています」といわれがく然とした。右に行く道を左に三百メートルも歩いていたのだった。昨日の朝の金剛杖といい、一日の初めの朝に何かが狂っているようだ。同宿の人に、「まことにすみません」と謝ったが、知ったかぶりをして恥ずかしいことであった。同宿の人は「いえ、いえかましません」と言っている。こうなると隣りの人の方が半歩前に行くのは必然である。後からついて様子をうかがうと、この人はただ者ではないと感じられた。身のこなしといい、杖の突きかたから繰りだし方まで自分のとはまるで違う。体全体がリズミカルで長年お遍路をしている人だと恐れいり、これ以上一緒では迷惑をかけると、町の外れで先に行ってもらった。

また一人きりで国道を西に歩きつづける。窪川の町を過ぎて佐賀町に入るが相変わらず道は山の中である。片坂の三つのトンネルを過ぎてやっと視界が開けてきた。昼食の時間がすぎている。予定では佐賀温泉という所があるので食堂くらいあるだろうと思っていたが、その佐賀温泉なるものは営業をしてなく、大きな建物は物産展の即売所になっていた。食堂はなく自動販売機のジュースを買ってカロリーメイトを昼食の間にあわせに食べた。

カロリーメイトは家を出る時非常食として十ヶ買って持ってきたもので、結構役に立っているが、もうほとんどない。考えるとお遍路さんは歩くしか能がないわけで、あとは食べることと寝ることだけである、特に食べるという行為が重要だ、などと訳の分からないことを考えていた。おかしなことだがこういう心境の時は足の運びも軽く距離もはかどるものである。朝から三十キロは歩いたろうか、時刻は間もなく二時になろうとしている。

佐賀町の商店街を抜けると一山越して大方町になる。左手に美しい海岸線をのぞむ。岬の突端の白い波頭が、空と海の青さから浮かびあがっている。しばらく見とれて眺めていた。どこへ行っても自分の感じ方で美の存在を知ることが出来ると思った。こういうこともまた芸術の根底かも知れない。

やっと喫茶店を見つけて入ると食堂も兼ねていて、メニューが壁に所せましと並んでいる。カツ丼を頼んで、足を空気にあてようと靴をぬぎ、素足になって土間の冷たい感触を楽しんだ。このままで何時間か昼寝をしたらどんなにか極楽だろうと思う。カツ丼はあまり旨くなかったが休憩をさせて貰っただけでもありがたい。時計を見ると三時を回っている。長居は無用と立ちあがったが腰がガクガクになっている。クッションのきいた椅子に腰を深く小一時間もかけていたのでそれが原因かも知れない。念のため近くを走る鉄道の駅

土佐くろしお鉄道中村駅前

のあり場所を聞いて喫茶店を出た。

井田のトンネルを過ぎて、どうにも止まらない腰のフラフラと足の痛みで「また、明日もあるわい」と歩きをやめ、井田の駅から電車に乗ってしまった。

中村駅は観光都市の駅前らしく、大きな看板が立ちならび、旅行者の目をひき、特に四万十川の周辺が四季を通じて観光の目玉のようである。民宿「さくら」はすぐにわかった。

雨の足摺岬と延光寺

午後四時半「民宿さくら」に着いた。玄関先でいくら呼んでも返事がない。電話をしてあるので、まさか休みではあるまいと、軒下で腰をかけて待っているとおかみさんが帰ってきた。スーパーに行ったのだという。大きな紙包みを三つもかかえていた。さっそくお風呂をわかしますから部屋で休んで下さいと八畳間に通される。洗濯物が溜まっていたので上着も何も全部を洗濯し、乾燥機に放りこんで部屋に戻った。乾燥は一時間位かかるらしい。部屋でウトウトしていたら本当に眠ってしまった。目を覚ますとちょうどの時間で誰の迷惑もかけずに洗濯することが出来た。お風呂に入って二階にあがる階段で、例の岩本寺で一緒だった歩きの達人にばったり会ってびっくり仰天してしまった。つい「いやー驚きました。私は井田から電車に乗ったので二時間前に着いたのですが、今お会いするとは。失礼ですが、ずーっ

三十八番金剛福寺

と歩いてこられたのですか」と聞くと「ずーっと歩いて来ました。四十三キロを九時間で歩きました」というので余計に驚いた。今朝七時半に寺を一緒に出たのだから十時間がたっている計算である。休み時間を差しひけば間尺にあっている。どうしてそんなに早く歩けるのかと、またつまらないことを聞くと、さんや笠は左手に持ち右手の杖は中央を握って振子のようにリズムをとって歩くのだと、そのまねを見せてくれたのが面白かった。残念ながら用事が出来て今回のお遍路も今日で終わり、明日は松山の在に帰るという。お互いの健闘を祈りつつ再会を約して別れた。

再会といえば、今度高知のお遍路に来るときは、昨日、土佐久礼の七子峠を越えた時お接待をしてくれた中川の小母さんに必ず立ち寄ってお礼を言いたいと思う。貰ったビニール袋の中身は、柏餅二個、みかん二個、おせいべい一袋、ヤクルト三本という心づくしのかずかずが入っていて、峠越えをした時、どんなに心強かったことか。人の世は情けと情けによってつながっているのだとつくづく思う。ありがたいことである。

明ければ五月十九日、家を出てから十一日目になる。あと二日で巡礼は終わり帰路につく予定である。昨夜は早寝をしてテレビの天気予報を見なかったが、今朝テレビをつけて驚いた。南西諸島に台風が発生してその前触れで四国九州全域に大雨強風注意報が出ているという。それで今後の予定を立て直す必要がおきた。ところで始めの予定では、足摺岬にある三十八番の金剛福寺まで行く、六十三キロの道のりは、もちろん一日では歩けないので途中一泊して翌日お寺に着く、その日はお寺に泊まって次の日、東京に帰るというものであった。が六十三キロの二日がかりの道を雨風のもと歩いて行けるだろうか、という心配と、日数の関係もあった。

ともかく外に出なければならない。調理場の前で、作ってくれた弁当を持ち靴を履いていると、例の歩きの達人が小用で起きたらしく声をかけてくれた。簡単にこれからのことを説明すると、バスで行った方がいいと言う。途中かなりハードな所があって避難する場所もないという。これは朝からバスに乗らねばならないか、と思った瞬間に心は決まった。今日はバスで行こう、そして次の延光寺を打てば土佐の十六ヶ寺を終わったことになる。今度は伊予の国から出発できるのだ、と自分の都合のいいように事を解釈してしてしまった。

礼をいって「民宿さくら」を出た。

バスの停留所でまだ少し思案をしていると、準遍路姿の男の人が来た。この人は自転車で八十八ヶ所を回っているそうだ。今日はやはり、悪天候のためバスで足摺の金剛福寺をお参りするのだそうだ。そういえば足摺のお寺から次の延光寺までは七十四キロメートルで、足摺を打って中村市に戻り、宿毛市のお寺に行っても自転車ならそんなに遠回りではない、と思うと悠然としたこの人にちょっぴり焼きもちを感じた。何はともあれ仲間ができてうれしい、と色々情報を交換しあった。中でも自転車が手荷物として飛行機に無料で乗せられるというのは、興味深かった。ただし前輪を外すのだそうだ。

バスは乗客が我々二人きりで、運転手がいろいろアドバイスをしてくれた。まず割引券があるとのこと。団体の券を自分で消化しなければならないとかである。事情はよく分からないが料金を安くしてくれるのはありがたい。帰りの分まで買ってしまった。バスの乗り換え場所やら要領など、くどい程おしえてくれた。

やがてバスは足摺岬についた。バス停から十分程歩いたところが金剛福寺である。小雨が降っている、南国風の植物が並んで植えられている石畳の参道をかなり行くと本堂であった。このお寺の広さは三万六千坪という。足摺岬そのものがお寺の境内である。この宏壮なお寺はまた、歴史的にみても興味のあるお寺である。院号を補陀落院《ふだらくいん》といい、弘法大師の開基で、西暦八二二年弘法大師はこの近くの洞窟で修行をした。大師七不思議の遺跡などあるが先を急ぐ身なので見ることはできない。

ちなみに補陀落とは、インドの南海岸にある観音様の住む山という。

帰りがけ山門前でお互い写真をとりあい、納め札に住所を書いて交換した。

バス停まで戻ると、さっきと違うバスが待っていた。土佐清水でバスを乗り換え延光寺の山門前に着いたのは二時であった。最後の札所延光寺を打って宿毛行のバスに乗った。宿毛のバス停は大雨になっていた。風雨の強まるなか、乗り替えの松山行の急行バスは伊予の山中を走りに走った。松山のバス営業所に着いたのは午後七時を過ぎていた。

土佐の歩き遍路を終わって

松山のバス営業所前の食堂で夕食をとった。親切そうな女主人に旅館の有無を尋ねると、ホテルはあるが民宿はないという。それでもしきりに考えてくれているようである。しばらくして「そうそうこの先百メートルくらいに小道があり、左に曲がると三楽苑という旅館がある。そこなら民宿と同じぐらいの値段で泊まれるはず」と思い出してくれた。巡礼姿のじいさんに料金の高い所は気の毒と思って、しばらくためらっていたのかも知れない。

歩き遍路の行為は、弘法大師の徳を慕って札所を巡り歩き、現世の利益を願うことだと思うが、他から受けるものを考えるとその功徳はかぎりなく多い。お接待をはじめ、地図や宿や天候に至るまでその土地の人に聞かねばならない。それだけではない、こちらで受けとめたこと全部を善意あるものとする時、はじめてお遍路の意義を見いだせるのかも知れない。そういう心境のあとにくるものは素直な心であり他をいたわる心につながるのだと思う。

今回の土佐の十六ヶ寺の歩き遍路は、素直な心になる事を標望して一歩踏みだしたが、途中気持の切り換えが出来ず、暗く沈んだ時も多々あった。また歩くだけを目的とせずと、乗り物を利用したのだが、慣れて、甘えて意志弱く乗り物をあてにし過ぎた面もあった。

それにしても「修行」とは深い言葉である。この旅で得たことは、世の中の人びとの自分に対する温かさである。

伊予のお遍路に行ってきました

菩提の道場

四国「八十八ヶ所」巡拝の旅も三年目になった。一昨年、阿波（徳島県）を巡り、昨年、土佐（高知県）を巡った。今年は伊予（愛媛県）である。菩提の道場という。

本当は昨年の最後のお寺である高知県宿毛市の第三十九番の延光寺まで行って、そこから出発しなければならないらしいが、日程の都合もあって、その行程を飛ばして、愛媛県御荘町の第四十番札所、観自在寺からにした。

二〇〇〇年五月五日午前十一時、松山空港に下りたち、JR松山駅から予讃線の特急で宇和島へ。駅前のバスのりばで待っていると、年輩の男性が後に付いた。紺の背広をきているが、何となく着かたが雑で、ネクタイの結び目がたれさがっている。遍路姿の自分にむかって話しかけてきた。「お遍路をやっているのですか、私も一度やってみたいと思っているが、暇がないので」、と言いながらジロジロ見回したすえに、「どこに行くのか」と聞く。「観自在寺」と言うと、我が意を得たりとばかり大きくうなずき、「自分は土佐清水から出かせぎで埼玉から帰ってきた、宿毛に兄が迎えに来ているので」と言いながら、大きな土産袋の中から、缶ビールをだして飲めと言う。「お酒は飲まないことにしていますので」と断ったが、今度は袋の中から土産物らしきを引っ張りだして、これも食べろ、あれも食えときりがない、折よくバスがきたのでビールだけ頂いてその場を収めた。その人は少し酔っているらしい、バスの中でもしきりに話しかけてきた。出稼ぎというのは大変なことで辛いことも多い、お遍路が出来る人が羨ましいと、今にも泣かんばかりである。頂いた缶ビールを取りだし乾杯をして相手の機嫌をそらさないのがせい一杯であった。

やがてバスは御荘町の札所前についた、さいわいに彼の人は眠っている。

ところで毎年のことではあるが、お遍路にでるにあたって、小さな誓いを立てているのだが、今年はお遍路を歩くことによって、体重を減らしたい、そのため禁酒をするという大変なものであった。現在は体重が七十三キロあって、医者から減量せよときつく言われている。カロリーの取りすぎは飲酒のせいであるらしい。乗り物に乗らないとか、巡拝の規律を守るとかなら修行の意味をふくめて誓いやすいかもしれないが、体重を減らすためお遍路中は禁酒とはいかにも功利的ではないかと思ったが、成功すれば万々歳だ、と一人有頂天になった。

それにしても先程のバスの中のビールは、お接待だからと言い訳するのも殊勝なかぎりであった。こんにち只今から禁酒することにしたのである。

今夜の宿はバス停前の「山城屋」である。リュックをあずけてお寺に詣る。今年はじめての第四十番札所平城山観自在寺である。

足摺宇和海国立公園

観自在寺からの旧道をしばらく行くと、国道五十六号線と会わさって、南宇和海の沿岸を北上する。対岸は遠く九州である。日向灘という。この御荘町は海の観光資源を重要視しているらしく、公営の建物が海に面して並んでいる。そういえば南宇和海というのは、日本でも有数の真珠の産地であるらしい。特に真珠の母貝になる「あこや」貝の生産は全国一ときく、いままで知らなかったことで、浅学を恥じた。左手の宇和海は次つぎと小さな湾に囲まれ、遠くから見ていても、もの静かな情緒的なたたずまいで、その光景は沖に浮かぶ筏と三方の山の緑がかもし出す生気あふれるような雰囲気ではないだろうか。国道がほとんど海に接するようなところに来た。

室手海岸という。ここで御荘町はおわり、内海村になる。「柏」という部落から遍路道をたどれば山坂越えで、八キロの道のり。国道を回っても十キロぐらいで海ぞいを行く。時間には大差ない、やがて内海町の最初のトンネルについた。素晴らしい風景のところで今日はじめての休憩をとる。トンネルを覆いかぶさるように四、五百メートルの山が連なっている。左手は海である。このトンネルは二本あって、一本は自動車専用、もう一本は歩行者専用である。その製作意図を書いた表示板に感銘した。以前は車道のトンネルを子供たちも自動車と一緒に通行したらしい。その危険さはトンネルを歩いた経験のない者には分かるまいが、子供たちの安全を願った村人たちの一念で県を動かし、国を動かして、本トンネルの脇に歩行者用のものをもう一本作らせたのだという。こういう公共事業なら歓迎できるのだが、同じ四国の徳島で問題になっている吉野川の可動堰のような不要なものに、巨額の金を注ぎこむ愚にはとても賛成出来ないなど、妙なところで里心めいた批判が頭をよぎった。

この小さなトンネルはすこぶる快適である。幅は四、五メートルだが、五十メートルおきに表示があって、あと何キロで通過できるとわかるだけでも楽しい。空気がどこからともなく吹いてきて全体がさわやかである。千メートル弱の歩行に誰一人にもあわなかった。

その後津島の町に着くまで、二つのトンネルを歩くのだが、喧騒と危険に満ちたもので、この人間性に富んだ小さなトンネルをことさら愛らしく思うのだった。

山道から下ってきた合併点を大門という。そこからは国道五十六号線をひたすら川に沿って北上し、津島大橋を渡ったところで今日の宿である「三好旅館」の所在を菓子屋の女店員に聞いたら、橋を渡らず右に旧道を行ったところらしい。だが次の橋を渡って右に曲がりすこし行ったところということで、前と大差なく、途中でもう一度聞きなおして「三好旅館」に着いたときはまだ午後の三時前であった。

今日は今年初めての歩き遍路で途中参詣する寺もなかったが、国道五十六号線をひたすら距離にして二十六キロを歩ききったのである。

宇和島へ

　昨夜の宿は最高に良い宿であった。連休がつづいた後なので家族も従業員も疲れているだろうに、そんな気配は全く見せず、一人遍路に温かいもてなしをしてくれた。特に腰の曲がった白髪の老婆が二階まで食事を運んでくれたのには恐れいった。申しわけなくさえ思い千円札を渡し謝意を表した。その食事内容も実に豪華で一流の旅館にも匹敵するほどであった。あとで若奥さんがきて、さっきの礼と、老婆の人となりを話してくれた。若くしてこの旅館に嫁にきて、何年か後主人に死なれ、以来五十年近く旅館を守りぬいているそうだ。従って歩き遍路には特別に愛着があるらしく、何でも自分でやらねば気がすまぬらしいという。そして、お遍路さんにお心づけを頂き大変恐縮をしているとのこと、そんな話にこちらの所作がどうであったかと、かえって顔の赤らむ思いである。

遍路の死を弔う地蔵

翌朝出発の時も二人して見送ってくれた。

ところで、前から考えていたことであったが、今日の日程を全部歩き通す自信がない、さすればどうすればよいのか、ということを今朝になってまた考えなおし結論をだした。まず四国で最長の新松尾トンネル（一七一〇メートル）を避けて通りたい、そして少しでも先に進んでいたいと、欲がでて、第四十三番札所の明石寺までの三十六キロメートルを十キロメートルほどはしょって、宇和島までバスで行くことにした。

「岩松」というバスの営業所から宇

和島行きのバスに乗った。途中せめて、歩いている人を確認することで、乗り物で行く罪悪感を払拭したつもりであった。バスは一昨日とは反対に北に向かってはしる。やがてJR宇和島駅についた。南国の街路樹が風もないのにひらひらとゆれている大通りを北にむかって歩きだしたが、何となく方向が違うように思える。「これも経験のなせるわざかも知れない」客待ちのタクシーの運転手に聞いたら、外れた方角に行くところであった。

三間《みま》町にある龍光寺へ行くのだから県道五十七号線を教えてもらえばいいのだが、簡単にはいかない。かなりむつかしそうだ。ようやくポイントの大きなパチンコ屋を聞きだして川ぞいの道を和霊《わこと》神社というお宮の前を通って行くと三叉路に出て、パチンコ屋があった。

県道五十七号線はだらだら上りがつづき、梅林口とか中組とか新屋敷とか面白い名前のバス停があって、田舎に向かって歩いている風情がある。二時間ほど歩いてJR務田《むでん》駅についた。ここは田園の中の高みのところで見通しもよく、眼下に水田がひろがり、かなたの山裾がめざすお寺だとすぐにわかったのである。途中昔の道しるべもあり迷うこともなく龍光寺についた。納経をすませ山道を辿って三十分ほどで佛木寺《ぶつもくじ》についた。参詣をすませ山門前の出店でアイスクリームを買い、カロリーメイトの昼飯にした。ここの店の主人はお世辞上手で、店の客に私の事を七十四歳の歩き遍路だと大きな声でいうものだから、ちょっとはずかしかった。

四十二番の佛木寺から今夜の宿のある宇和町の明石寺まではあと十二キロメートルあまり、歯長峠を越えるにはトンネルがあるが、遍路道を行って峠を越した方が早いようだ。地図を見ると遍路道は歯長トンネルの上を行くようだ。

空気のきれいな山道を歩くとそれだけでも得をしたような気持になる、こんな感じもまた、お遍路の功徳であろう。

三間町と吉田町の境から山道になった、だらだら登りの坂だが少しきつい、四キロメートルくらいの峠越えに一時間半近くかかってしまった。峠を下りたところに案内板のある休息所があって一休みする。「肱川」という名の川をたえず左に見て県道二十九号線を行くと、後から野球部員らしい高校生が十人ほど一団になって駆け抜けていった。若い人は勢いがあって頼もしい。爽やかな空気を残してくれたので精気をもらったような気がした。

明石寺の入り口は大きな看板で示されていた。県道を右に曲がりまっすぐ三百メートルほど行くと、後から若い主婦に声をかけられた。「お寺に行くには手前の道を左に曲がって旧道を行った方が近いです。この道は車の通りで大変遠回りです」と教えてくれた。左に曲がるのをまっすぐに行くものだから、自動車を止めて三十メートルくらい追いかけてきてくれたらしい。「おそれいります、ありがとうございました」と、ていねいに礼を言った。

大型バスの通れない旧道を少し行くと、左に石仏があって道がある。あとで後悔するのだが、その時は全くお寺に行く山道だと思った。思いこみというのは恐ろしい。やがて竹藪になっていく小道になっても必ず寺の境内の出られると考えていたが、さすがに、竹の葉が厚く散りひかれ、枯れ竹が道をふさぐようになっては下るしかなかった。疲労が判断力を鈍らせているのか、自分ながら呆れてしまった。せっかくのご婦人の厚意を無にしてしまった。

来た道を引き返すのはつらい。まして一日の終わりころ失敗するのはやりきれない。だがこれが修行と思い歯を噛みしめた。

元の道までもどり、三百メートル行くと立派な参道になった。

納経所の閉まる直前に朱印を押してもらう、ついでに旅館のある町中に直接下り

朱印を押していただく「奉納経帳」。屏風型に折り畳まれていて両面使用。

られる山道を聞き、裏山へ入ってゆくと、すぐかなりの登りになったので、これはまたさっきと同じで違う道を歩いているのではないかと思うと足が進まなくなった。結局来た道を引き返し、三十分も歩いてようやく「ビジネスホテル松屋」に着いた。

へんな思いこみがあって、邪推があって最後は損をしたような一日であった。修行ができていないと思った。できていないからこそ、修行をするのだとも思った。

大洲市の十夜ヶ橋まで

もやのうすくかかっている早朝の宇和町の旧道を二キロメートルほど行くと国道五十六号線と一緒になって商家のならぶ町中を行く。通学する自転車の生徒がふえてくる。みんな元気そうで「おはようございます」と声をかけてくれる。心が爽やかになる一瞬である。

昨夜はビジネスホテルに泊まったので朝食がない。喫茶店でもあればと気をつけているが、こういう時にはホカホカ弁当屋もない。仕方がないので、路肩の空き地に腰を下ろしカロリーメイトをお茶で食べるが朝からの甘い味がいただけない。この頃になって身体の調子が気になってきた。咳やたんがでるのだ。ぜんそくを患っているので気をつけないといけない。発作を抑える薬も飲んでおく。今日も無事で歩きたいと思う。鳥坂トンネルを越えて四国の道でもある遍路の山道を三十分ほど

番外札所十夜ケ橋・永徳寺

歩くと札掛橋である。ここからの道が分かりづらい。地図上は三通りの道になっている。

幸に三叉路の手前にラーメン屋がある。昼飯のラーメンを食べながら店主に道を聞くと、森岡商店の前を通って行けば自然と大洲の市街に出られるらしい。今日の宿は大洲市の外れ十夜ヶ橋である。ラーメンを食べて、道を聞いて、少しばかり休ませてもらって、と歩き旅のありがたさを実感できる一こまである。梁瀬橋というところで、右に行くか、左に行くか迷っていたら自転車に乗った人が来たので十夜ヶ橋への道を聞いたら、右の橋を渡りすぐ

お札

左に曲がって行くのだという。ありがとうと言って歩き出した途端、散歩中らしい夫婦者がきて、どこへゆくのかと聞くので、十夜ヶ橋というと、その人は左にまっすぐ行った方が近いという。前に教えてくれた人も集まって三者会談みたいになってきた。夫婦者は強引に左行きをいい、前の人も右行きに固執している、それでも右行きの方が少し軟化して、こちらは多少遠いが自動車が少ないと思うから、というようになっては勝負ありである。

考えてみると、どちらへ行っても行かれるらしい。お二人さん大変ありがとうございました、初めに教えて頂いた右の方へ行きますのでと、ていねいに頭を下げて両方の人の顔を見ることなく右の橋を渡った。少し遠くなっても仕方がない、この際は意見の違う好意を両方いただくわけにはいかなかったのだ。あとで調べたら一キロ半ほどの遠回りであった。

十夜ヶ橋まであと二キロぐらいのところに果物屋があって「小夏」というみかんを売っていたので家に二箱送らせていると、年輩の人が自動車できた。遍路のことを聞くので話しをしていると、車のお接待がしたいので、ぜひ乗ってくれというので五六分の道のりだったが乗せて頂いた。十夜ヶ橋の大師堂は永徳寺という。その昔この地を訪れた弘法大師が泊まる宿もなく橋の下で一夜を過ごすが、あまりの辛さに一夜が十夜に感じられたというのが橋の名前の由来だそうだ。番外の札所の第一である。今日は近くの「ふるさと旅館」に泊まる。

第四十五番札所海岸山岩屋寺へ

今日も体調はいまいちである。昨日泊まった「ふるさと旅館」は町中にあって部屋までほこりっぽかった。土間から直接部屋に入るせいかもしれない。ほこりっぽいといえば道中のほこりと自動車のガスには泣かされる。そこでマスクをすることにした。マスクとのど飴を買って使うが、ぜんそくの発作がおきないか不安である。道はJR五十崎《いかさき》駅を過ぎ、ここらあたりから内子町になる。町の繁華街をすぎて松山市に向かう五十六号線を左に見て右へ三百七十九号線を行くと大瀬に入る。この大瀬というところは、ノーベル賞作家の大江健三郎さんの生まれ育ったところである。以前読んだ本の中に、大瀬に入ると大江さんの快挙の様子が町中にあって、看板であふれかえっているような記事があったが、今はそんなこともなく、たんたんとして過ぎた。小田町に入ると道はまた二つに分かれる。ここの地名を「突合」という「つきあわせ」と呼ぶのだ。ぶつかったところを右左に道が別れる感じがでていて調えて妙だと思った。しばらくの間はやたらと橋の多い道を行く。四国の山奥は川も多いが、橋がやたらと多いようである。それがみんな立派なので、経済的効果が地元優先であったたか、など考えた。

バイパスがまっすぐにのびる所にガソリンスタンドがあり、今夜の泊まりの「高橋旅館」の所在を聞くと、この先を右に旧道に入り三百メートルほど行ったところと親切に教えてくれた。旧道は町の中心通りらしく商店が点在している。「高橋旅館」はすぐにわかった。相当に古い家らしく、きしむ階段をのぼり十畳ほどの部屋に案内された。道路に面した窓には手摺りがついていて下を歩く人たちの様子が良くわかり、昔の旅人になったようだ。

夕食後、薬局へ行って風邪薬を買い服用し早寝した。禁酒はまだつづいている。

五月十日、「高橋旅館」を六時半出発。今日は真弓峠越えで三十二キロメートル先の「古岩屋荘」まで行かねばならない。今の自分としては、かなりハードである、が他に方法がない。どうしてもということであれば、岩屋寺の麓の「門田屋」に泊まるしかないが、国民宿舎「古岩屋荘」に泊まる必要も大いにあるのである。

今度のお遍路に出るにあたって体重を減らすため禁酒を誓ったと前に書いたが、この日まで六日間一滴の酒も飲まずにきた。その成果を国民宿舎のハカリで知りたいと思ったからだ。一時間ほど歩いたところで道端に立派なバス停が立っているのに気がついた。ログハウスのような作りで可愛らしい待合所である。

いろいろな事情でここはバスに乗ってせめて真弓トンネルを越えようと、時間表を捜すがない。バスの行先表示もないので、あらためて外に出て全体の様子を見ると真新しい杉の丸太小屋はバス停ではあるがまだ使用されていないようだ。隣りの農家に人の気配がしたので、行って聞いてみると、何がさいわいするかわからないと思ったが、その人が車のお接待をしてくれるというのだ。車のお接待は時どきうけるがこの時ばかりは本当に嬉しかった。人の情けが身にしみるとは、こういうことであろうか。車の中でバス停のことなど聞いたが道路が立派になっても人通りは増えないので採算がとれずバスの運行が出来ないとのことである。新真弓トンネルを一キロ位先のところまで送ってくれた。深謝したのはいうまでもない。

ここら辺りを美川村という。川も美しいが、杉の美林が長ながと続く高原の村である。国道三十三号線の御三戸《おみど》を過ぎて岩屋寺の下についた時は三時半を回っていた。車遍路の人たちも標高六百メートルの本堂まで歩かねばならない。となりの人は往復一時間はかかると言っている。急峻な岩の坂道をあえぎあえぎ二十分も登ると本堂についた。岩屋寺の名に背かぬ絶景である。右側の岳を金剛界峰、左を胎蔵界峰という、密教のまんだらからの名のようだ。急ぎ下山して国民宿舎に向った。

雨の三坂峠を越える

昨夜の宿は国民宿舎「古岩屋荘」という。今度の旅で小さく願望したことに、毎日三十キロ近くを歩き禁酒をしたら、体重を減らすことが出来るのではないかというのがあった。民宿ではほとんど体重計などないから「古岩屋荘」でハカルつもりであった。期間も一週間とくぎりのいいなどと安易な希望をもってここまで来たが、全く見事に裏切られた。体重は、全然減っていないのである。我が目を疑い、我が身を見回して何度もハカリ直したが目方が減るわけがない。少し悲しかったが、やがてこれで良かったかも知れないと思うようになった。大体一週間位酒を飲まなければ減量出来るなど考えが甘すぎるしその反省を今後に活かせばよいと思う。決断も早かった。まずビールで乾杯し日本酒を心ゆくまで味わった。

道は高原の快適な林間を進んで行く。峠御堂のトンネルの手前で山道に入る。右にずい道を見下ろしながら十分程上ると道は二つにわかれ一方のキャタピラーのわだちあとの道をゆくと頭の上で機械のうなり声がする。トラクターがいて作業している。道を直しているのだとばかり思っていたので、近づくと運転手が気の毒そうな顔をして、道が違うことと、正しい道を教えてくれた。またとんだ間違いであったが引き返して二十分も歩くと大宝寺の裏に出た。

これからまだ十八キロある、三坂峠の難所も越えなければならない、と気を締めて足を急がせる。国道三十三号線にもどり、北に向かう、仰西《ぎょうせい》を過ぎたあたりから雨がはげしく降りだした。赤いマントを着た老遍路を道行く人は何と思っているだろうか。峠の上り道は雨水が川のように流れ時おり後ろから疾走してくるトラックにしぶきを浴びせられる。ようやく標高七百メートルの峠に立った。それから三百メートルで四十メートル下るという急勾配を二時間半歩いて今夜の宿「長珍屋」に着いた時は身体がへとへとで靴を脱ぐのがやっとであった。

松山市内八つの札所と道後温泉

昨夜泊まった「長珍屋」は松山市内である。昨日のうちに旅館の前にある四十六番札所の浄瑠璃寺の参詣をすませてあるから、あと市内七つの札所を回って道後温泉へ行けばよい。距離は二十五、六キロと短いものだが寺の数が多いと参拝に時間を食うので油断はできない。朝六時三十分、多くの団体客に混じって出発する。今日はじめの札所八坂寺は一キロ足らずだ。次の西林寺がわかりづらかったが重信川を渡ったところで散歩中の人に聞いたらすぐにわかった。歩きお遍路は道を聞くことが商売みたいなものだと思った。四十八、四十九番と順調に打って五十番の繁多寺についた。ここら辺までは松山市内でも郊外らしく、いかにも新開地というおもむきである。やがて道は繁華街に入り石手寺の山門に着いた。二百メートルくらいの参道には左右に店が並び、境内も広く建物も国宝や重要文化財に指定され、松山市民の精神的よりどころになっているようである。またこの寺は弘法大師にまつわる衛門三郎の説話がある。領主の子息として再来した三郎は弘法大師が与えた小石を握りしめて産まれたというのだが、その石は今も宝物館に展示されているという。

山門前の食堂で昼食に「うどん」を食べた。

道後温泉まではもうすぐである。

四十八番西林寺

松山市営の電車はいわゆる「坊ちゃん電車」で道後温泉が終点の一つになっている。その駅から二、三分の所に三楽苑という小さな旅館がある。去年高知を巡礼した終わりに偶然のことから二泊も世話になった旅館である。道後といえば四国一の温泉街で大きなホテルや旅館が多い中に、奇跡的なように老夫婦だけで経営している宿である。従って料金も八千円と民宿並で食事もまァまァであった。その後道後にきたらまたお世話になろうと思っていた宿である。石手寺からまっすぐに三楽苑に来た。宿の老婦人は半分位覚えていてくれた。通された座敷にリュックを置き太山寺と円明寺に向かう。この二つのお寺の参拝も今日のノルマである。さすがにリュックを背負わないと体が軽い。道後の駅裏から松山大学の通りを行くと道は二股に別れるようになる。休息を兼ねて角のタバコ屋の前で地図を見ていると、止まっていた車の人が出てきて「お遍路さんですか」というので、行き先などいうと「今日は何と嬉しい日だろう、実は去年母を亡くし、先月車でお遍路をしたが、十分とはいえず、今朝からそのことが頭にあった。今歩きのお遍路さんに会えたことは、亡き母がお遍路さんを車で接待せよと言っているのです、ぜひ次のお寺まで送らせて下さい」と、頭を下げるのだった。十分間位だったが、優しい母親の思い出話しを拝聴した。車が円明寺の山門について、なお名残りを惜しむ彼の人に涙が出そうになった。

三十分かけて太山寺にも参り四時すぎ三楽苑に戻った。道後の温泉にもゆっくりと入り夜も全く満ち足りた思いで早寝した。

鎌大師庵主手束妙絹さんのこと

三楽苑の主人夫婦に見送られて、七時頃出発。道後温泉の駅までくると、タクシーの駅待ちがいたので乗りこむ。「円明寺の先まで」というと、お寺に寄らなくていいのかと聞くので、昨日のうちに参詣したことを言い、その先から歩くので海の見える所までというと、ようやく合点してくれた。タクシーは早朝の松山市内を走りぬける。国道百九十六号線の海に面したところで降ろしてもらった。このあたりの海は瀬戸内で伊予灘も過ぎた。沖に浮かぶ島は芸予諸島で、対岸は広島県である。

今年も足摺の海に近いところからやってきた。約百九十キロを歩いたことになる。その中には車のお接待やバスにも乗りはしたが、毎日平均して二十五キロ以上歩いたことは間違いない。松山市から北条市に入って来たJR予讃線の北条駅前をとおり、住宅街を行くと、大きな交差点に出た。地図にない道路である。まっすぐに行

手束妙絹著『お大師さまへの道　人生は路上にあり』（財団法人愛媛県文化振興財団刊）

くか、右に行くかだが、決心がつかず途方にくれていると前方から自転車に乗ったご婦人がわざわざおりて寄ってきた。「ご苦労様です、この道をまっすぐに行くのです。この大きな道は最近出来た北条バイパスです」という。もし右に行けばまた北条駅に逆戻りするところで大変助かった。また「私の住んでいる部落に鎌大師というお堂があって弘法大師ゆかりの地で、部落の人たちがみんなでお堂を守りお務めをしています。ぜひお立ちより下さい」と何度も言って去って行った。

道を教えて貰ったからではないが、道順ではあるし休憩もしたかったので、鎌大師に寄ることにした。十五分ほどでついた。こじんまりとした庵内にはベンチも置かれて清掃の行きとどいたところに村人の丹精がうかがえる。大師堂を拝んでベンチでやすんでいると、近所の農夫がそばに寄ってきた。「この中に庵主がいるから会って行け」という。そしてすすんで案内してくれた。中には気品のある顔だちの老婦人が座っている。

すぐに話が始まった。この庵主さんの言うことには、四国のお遍路を十五回以上回っており、齢九十歳の東京生まれだという。そこで、「どうしてそんなに回ったのですか」と尋ねてみると、自身で書いた一冊の本をくれるのだった。ちらっと見ると俳句が書いてあるので、私も多少やりますと言うと、どこの門かと聞き、自分は石田波郷の弟子だというから古い。色々と為になる話を聞いて、結局は歩くことが好きで、お大師さまが好きでと遍路を重ねたらしい。納経帳に朱印をもらいコーヒーと本を頂き、外の道まで送ってくれた。まことに、手束妙絹尼なる鎌大師庵主は人生の達人であり、お遍路の先輩であった。

後日の話だが、お礼を兼ねて当方にもミニ四国八十八ヶ所の札所があり、八ツに区分けして月一度巡拝していることなど参考資料と共に送ったら、大変ていねいな返事で過分なお褒めの言葉を頂いた。

山蟻と遊ぶ報謝の菓子わけて　　妙絹

難所の第六十番札所横峰寺

昨夜は大西町の「ますや旅館」に泊まった。今日の予定は距離にして二十六キロ位で今治市内の六ヶ寺を打って丹原町の旅館に行くことだ。そして明日はいよいよ石鎚山中腹の横峰寺に登らねばならない。今日はできるだけ石鎚の山の近くに行く必要がある。

延命寺を打って市営の大きな墓苑を過ぎると町並が都会風に変わってくる。札所間の距離がほとんど四、五キロ間隔なので歩きやすい。五つの札所を打って国分寺に着いた時は三時を少し回っていた。参考にしている本には、この地域で泊まった所は東予市の「田中屋旅館」の由であるので、前日予約はしたが、食事の用意が出きないと言うので不安であったので、田中屋をキャンセルして丹原町の「栄屋旅館」にした。時間の都合で五キロほどタクシーに乗った。

六十番横峰寺本堂。山を登ってお参りできた喜び

（タクシーは本当に楽で早い）などと、いけないことを考えた。

「栄屋旅館」は典型的な民宿で、鎧武者の大きな人形のある部屋に通された。子供の部屋になっているらしく、小さな子供が時々入ってきては何か必要な物を持って行ったりする。

ここのおかみさんは五十年輩のハキハキした人で、お遍路たちに地図を書きながら道順を教えてくれたが、その道は十七キロを歩き、七百メートルの山に登る道である。そこで自分は登山バスを利用したいと言ったら、ちよっと軽蔑した様子だったが、すぐ真面目な顔になりていねいに教えてくれた。

六十一番香園寺は近代建築の寺院だ

国道十一号線に出て、六十一番、六十二番、六十三番を先に打ち、山に入る。約五キロ歩くと黒瀬峠でそこに登山バスの発着所があるという。

翌朝六時朝飯三十分後に出発。直接山に向かう人達は先に出た。玄関先に出ると、おかみさんが、昨夜教えてくれたことをまた、念を押すように言ってくれるのだった。言われた通りの道を五キロほど行くと国道十一号線に出た。八時半に六十一番香園寺に着いた。

このお寺の本堂は鉄筋コンクリートづくりで珍しい。だが歴史は古い。開基は聖徳太子だという。先住の住職が商売上手の人らしく子安講を組織して信者をたくさんつくり、お蔭で立派な建物が出来たそうだ。安産、子育の誓願に卓効ありという。

六十二番、六十三番を打って登りの道に入る。五キロほど行くと峠になった。途中でお接待された大きな夏みかんの重さも苦にならない。左手に黒瀬湖を見てすぐにバスの発着所であった。横峰のお寺はさすがに石鎚山の中腹にある寺らしく、幽厳で神霊の住む赴きがある。

帰りの登山バスを下りて、一気に麓に下ろうと思って大失敗をしてしまった。峠を通らず湖を絶えず見ながら下りて行ったら、一時間歩いても人家が出てこない。気がついた時はもう遅かった。上りかえせば一時間半はかかるであろう、ええい、ままよと再び歩くが、いくら歩いても深い山の中からは出られない。本当に参っていた所を、また車のお接待に救われた。

伊予の国の遍路を終えて

昨日の車接待ほど嬉しかったことはない。日暮れてなお山中を歩かねばならなかったかも知れない。何が起こるかもわらない。それを助けてもらったのだ。子供の幼稚園へ迎えに行く途中だったという若いお母さんに何度お礼を言ったことか。しかし恩をかえせる方法がない。もちろんお金など論外だ。接待をしてくれる人は無償の行為でいるのだ。せめてもと思って先程貰った夏みかんをお嬢さんにと差しだした。「本当に助かりました」お嬢さんの出むかえに遅れて申し訳ないと改めて謝辞をのべた。若いお母さんはほほえみかえしてくれた。この家族の幸せを祈らずにはおられない。おかげで六十四番前髪寺に参詣して、五百メートルさきにある湯の谷温泉に宿泊することが出来た。

翌朝は今回の旅の最後である六十五番の三角寺に向かう。約四十五キロ。昨日からのこともあり、身体も心もくたくたに疲れていた。JR伊予三島駅からタクシーで三角寺に参り、川之江駅から高松に出て帰るつもりだ。

最後の札所である三角寺もかなり高い山の上にあり、歩いたらたっぷり二時間はかかったであろう。

とにかく今年の歩き遍路の旅も無事に終わった。山岳にあるお寺でも平地にある札所でもみな一様に弘法大師に関係した由緒を持っている。一千年余の歴史があるというのだ。全部が本当とは思えないが、土地の人が連綿として残した信仰心があったればこその、八十八ヶ所であろう。千年余の昔から土地の人たちとの関係の深さを感じさせる。文化の発展に尽くしたことも大きいであろう。日本の歴史の中で仏教の果たした役割は大きい。四国の美しい自然と四国人の人柄が相まって造りあげた遺産だと思う。

旅の途中のどこかで「八十八ヶ所遍路を世界遺産に」と書いた「のぼり」を沢山見た。あながち過大と思われない。そしてまたお接待のありがたさを心底から感じさせられた旅であった。

讃岐のお遍路に行ってきました

涅槃《ねはん》の道場

今年の春に「伊予の国のお遍路」を終えて五ヶ月たった頃、どうしても今年中に、四国八十八ヶ所の札所を巡拝して結願したいとの思いが捨てがたく、多少の抵抗もあったが、香川県の残り二十三ヶ寺を打って結願することにした。

十月十二日出発した。もちろん今回の旅は四国八十八ヶ所を歩き通すこと、そして三年間の旅を振りかえることと、結願の時の達成感とか満足感が、どのようなものであるかと期待して想像する楽しみがあり、気持は大いに高揚していた。高松空港からバスで高松駅へ、予讃線の列車に乗って観音寺駅に着いた。今回の旅はここから始まる。

今日の予定は八十八ヶ所の札所の中で随一の高さ（九百六十メートル）にある雲辺寺に参り、その僧坊に泊まることであった。ところがお寺に予約の電話を入れた

雲辺寺ロープウェーからの山なみ

ら、現在は宿坊をやっていないと言われ、代わりの宿を教えてくれた。それは六十七番の大興寺裏にある「民宿大平」である。そこで計画を立て直すことになった。ロープウェーの駅に行く前に六十七番と六十八番の札所を先に打つとその後が楽になるということで、今回初めてのお寺はタクシーで行った。かくして雲辺寺ロープウェーの山麓駅に着いたのは十一時半であった。

広い駐車場はすでに何台かの大型、小型のバスや自家用車が停まっている。しかし歩きの遍路らしき姿は見あたらない。これからの道程を考えながらちょっと誇らしい気持になった。

ケーブルはぐんぐんと高度を上げていく。

六十六番雲辺寺の広い境内

樹海の途切れたところから瀬戸内海が見えてきた。思えば三年前四国の東、徳島県の鳴門から始まって、紀伊水道を南に、次ぎの年太平洋の室戸岬を回って足摺岬へ。そして今年の春に豊後水道を北に瀬戸内へ、海に囲まれた四国を一辺づつ回ってきた。総距離千四百キロメートルというが、今までに四分の三以上は歩いた勘定である。よく歩いたものだと優美な瀬戸内海を望みながら思った。もちろん、山も川も田園や町中も通った。それぞれの場所でそれぞれの人間の営みに触れながら、自然の美しさや人情の厚さにあと押しされて、歩いた遍路であった。

六十六番の雲辺寺は聞きしにまさる壮厳

なお寺である。老杉丁々として天にそびえ、薄もやの中に建つ堂塔の美しさを引き出している。それだけではない、こんな高所によくぞこの様な大きな石を集めたものと思う。土台の石の巨大なこと、等身大の石刻の五百羅漢像が三百数十体完成して参道に置かれてあり、このお寺を守る信仰心の厚さなど感じさせられる。

ご詠歌

はるばると雲のほとりの寺にきて
つきひをいまは、ふもとにぞみる

ケーブルの山麓駅から十二キロ歩いて、六十七番大興寺に着いたのは四時半であった。

女遍路とかけ連れ

民宿「大平」に着いて部屋に案内してもらい浴衣に着替えしようとしていたら、隣室から声がかかった。「お隣りの方、もしよかったら、こちらへ来て話をしませんか」と女性の大声である。何とも突ぴな出来事で一寸とまどったが、「今浴衣に着がえています、あとで伺います」と、少したって隣りの部屋を覗くと、中年の女性が一人でビールを飲んでいた。「お遍路さんには、女も男もないんですよ、一杯やりませんか」とコップにビールをそそいでくれる。遍路に男と女の区別がないとは妙な話だが、気持としてはその通りかも知れない。しかしこんなじいさん遍路とは思わなかったろうと、苦笑が出たのだ。

この人は今朝早く、雲辺寺に登る歩き遍路の定宿である「民宿岡田」から山に登り、お寺に参りそのまゝ山道を下りてつい先程この宿に着いたという。

「お先にお風呂は頂きました、食事にはまだ時間があるので、一人でやっていたところです」と、全く恥ずかしげな様子もなければ「隣り同士も何かの縁ですから」と屈托ない。今回の遍路が満願の旅であると言う。こちらも結願を目指しての旅なので、大いに話が弾んだ。阿波の十二番札所に行く途中の柳水庵のこととか、番外札所の鎌大師の話になると、共通の記憶がお互いにどんどん出てくる。ついには住所、氏名を納札で交換した。そのうち宿の人がきて、風呂に入れと言うので、話の続きは食事の時にと席を立った。

総勢五名の宿泊客である。皆歩き遍路である。一番景気のいいのが彼女で色々と面白おかしく旅先のことを話してくれる。ある寺で納経の時、車遍路の人が納経帳を差しだし、やれやれとタバコを吸いだした。それが次つぎで納経所がたばこの煙でもうもうとなった。書いていた住職の奥さんが「お大師さまが煙いと言っているからやめて」と言うと、「タバコを吸うのに文句があるか」となって、書くのをやめて、奥さんは奥に引っこんでしまった。書き手のいなくなった納経所はあとからくる遍路で一杯になった。バスの遍路は時間のよゆうがない。そこで慣れた運転手が、ある知恵を働かせた。「この仏像を買いたいのですが」と大きな声でいう。その仏像は寺の宝物で、驚いた住職の奥さんが出てきて、無事に仕事が続けられたそうだ。と、いかにも自分がそこにいたように言うので皆感心している。あまり話しが長くつづくので宿の人が「もうこのくらいで休みませんか」と言う程である。時間は九時半を回っていた。

翌朝七時、朝食をすませて、玄関先に立った彼女の姿を見てあぜんとした。出来ているのである。菅笠も女人用と小さめで、手甲、脚伴がりりしく、日本手拭いの頬かぶりがさまになっている。リュックが少し大きめであるけれど、満点にちかい女遍路姿である。

二人は、かけ連れになった。知らない同士の遍路が道中行きずりになって、目的が違う所まで一緒に行動することをかけ連れという。

「まんだら」善根宿

七十番本山寺からの道はいろいろあるらしい。番外の寺を含めてだが、地形から察すると海の方に近い観音寺を打って海岸寺（番外）から山越えで弥谷寺に行く方法などあるという。彼女はこの道を行くらしい。自分はまっすぐに弥谷寺《いやたにじ》に行けばよい。結局大興寺から本山寺までのかけ連れとなった。歩きの時の彼女は昨夜と違って無駄口もきかずに、歩きもしっ

七十番本山寺でかけ連れと別れる

七十一番祖谷寺の参道

かりして同じ位の歩度で二時間足らずで本山寺に着いた。国宝の五重の塔の前でなごりを惜しんで別れた。

　弥谷寺は死者の霊魂の集まる場所という。とにかく階段が長い、行けども行けども階段である。ざっとの計算だけれど、七百段以上あるのではないか。大汗かいて一番上までのぼった。老樹不伐の故に、丁々としてそびえ、峨々たる岩盤には四国霊場唯一の磨崖仏があり、まこと死者の魂を迎える霊域にふさわしい。山中俳句小屋なる茶店があり、店内にたくさんの短冊が下がるのもまた風流の極みである。その小屋の脇の小道から次の寺に抜けられる。

　七十二番蔓陀羅寺へ行くには、遍路道あり自動車道ありで、せわしなかったが、四時前にお寺に参り門前の「門先屋旅館」に着いた。旅館の玄関にリュックを置き、数百メートル離れた出釈迦寺《しっしゃかじ》に行く。このお寺は弘法大師幼少のみぎり、「我もし

七十四番甲山寺

仏道を得て衆人の願い叶わば、救い賜え。若し願い叶わねば、死すとも悔いなし」と絶壁から飛び下りたところ、お釈迦さまが現れて救われたという。旅館に帰ってからしみじみと山全体を見渡したが、さして高い山ではないが、頂上の絶壁は迫力があり後年の人が物語を作ったところとしては異和感を感じさせない。

翌朝歩き遍路はまた一人旅であった。とはいえ、リュックの重さを気にしながら歩くしかない。甲山寺を打って、この春に行った善通寺を飛ばして金倉寺に参る。その寺の住職に意地悪を言われた。善通寺に行かないことが気にさわったらしい。「去年善通寺さんにはお参りを済ませてありますから」と言うとようやく納得した。

県道に出て一キロメートルほど行くと右手に「金陵」という酒造会社の工場がみえる。この塀の先から右に入ると、「まんだら」と書いた看板がたくさん出てくる。導かれるように行くと、倉庫あとみたいになっているところに来た。そこが「まんだら」善根宿《ぜんこやど》であった。

軒下に「よしず」を出して、その下に机を置き、お菓子が皿に盛ってある、壁に「御自由にどうぞ」と書かれ、宿泊も出来るとある。ガラス戸のドアを開けてみると、冷蔵庫や洗濯機があり、奥が寝室になっていた。冷蔵庫の中には冷えた麦茶があった。コップに入れ飲んでいると、この家の主が来た。「勝手に入って御馳走になっています」と言うと、どうぞどうぞ、ということで話が始まった。

前から、お大師さまのために何かできないかと考え、この「善根宿」を作ったという。

直接の動機は、母親が死亡して供養の為に車の遍路に出たが、何となく物足りない。歩いて回る遍路こそ巡礼の意味がある。何か歩き遍路の役に立つことはないかと思ったことだという。これは、まさしく悟りであろう。仏様の悟りと違って小さなものだが、その心境に到達して、想いを実行に移したところが大変に意義深い。「本当にご苦労様のことです、どんなにか歩き遍路が助かってることでしょう」と感謝を込めてお礼を言った。

この「善根宿」はお風呂まで付いていて無料で宿泊できる。座敷の奥の小さな古い大師像は善通寺からの頂きものという。看板の「まんだら」は美術学校の女子学生が一週間がかりで作ったもので、宿泊者たちが少しづつ宿づくりに協力してこれだけにしたという。善意の集まりがあり、このご主人の人柄と相まって傑作「まんだら善根宿」が出来たのである。

いつまでも優しく、道行く人びとを助けられることをお願いし、その場を去った。

車のお接待に助けられる

　あまり人通りのない、多度津の町を歩いて三キロほど行くと七十七番札所の道隆寺はすぐにわかった。山門前に食堂兼みやげ物屋があり遍路さんを呼び込んでいる。お寺に参拝したかえりに寄ってみると、小さなカウンターがあって、コーヒーをごちそうしてくれた。若い女主人が、歩きのお遍路さんにはお接待させていただきますと、餅菓子を皿に出す。前の寺の住職とは大違いなので、記憶に残しておこうとさえ思った。少し休ませて貰ったせいか元気が出てきた。店の主人がくれた地図を持って歩き出す。

　道は丸亀市の繁華街に入ってきた。この町は活気のありそうな町で、聞いたところによると、競艇場があり、そのあがりの恩恵を受けているらしい。次ぎの町は、「宇多津」である。こちらは競艇場がないので「うだつ」が上がらぬらしい、とシャレられるのも一人旅の気楽さか。宇多津町に入って「宇夫階神社」という大きなお宮の塀を見ながら行くと老婦人が二人話をしている。お寺の在りかを尋ねると「この先の信用金庫を右に曲がりまっすぐ行くと地蔵もちがあって」と、結局そこに行くので一緒に行くと言い出したので、ありがとうございました、良くわかりましたのでと、逃げ出した。七十八番札所郷照寺の開基は古く「行基菩薩」である。弘法大師が来錫して四国霊場に組みこんだが、一遍上人が来て「踊り念仏」を広める道場にしたという。故にこの寺の宗派は「時宗」である。四国八十八ヶ所は弘法大師が定めたとされるので、「真言宗」がほとんどであるが、他にもある。「天台宗」が(四)「禅宗」が(三)という。しかし「時宗」というのは珍しく四国唯一のものである。

郷照寺を打って細かな道を街道に出るとき道を誤った。どこをどう回ったか、はっきりしないが街道へ出て、道標を見ると次の寺まで九・五キロとある。間違うわけはないがと地図を出して見ると、寺間の距離は六・二キロとあってだいぶ違う。頭は混乱して判断力が鈍っている。三キロ強の違いではあるが、こんな間違いは経験したことがない。疲労が重なって意識が混濁しているのかも知れない。考えも覚束なくなった。どうしてこんなことになったのかとまず考えた。その理由が分からない。これからどうすればよいのか、その考えも出てこない。道路の縁石に腰かけて、うつろな目で地図を見る姿は異様であったろう。三メートル位前に止まっていた自動車の主が帰ってきた。小さな女の子が乗り込む。中年の父親らしい人が振りかえり、こちらを見て声をかけてくれた。「どうしたのですか」「実は先程郷照寺から高照院に向って歩いていたつもりが、道に迷ったらしく、距離がだんだん離れていくようで、どうしたらと思案しているところです」と正直に話した。「高照院に行く道はここしかないはず」と地図を覗きこむがやはり要領を得ない。「とにかくお乗りなさい、高照院まで送ってあげましょう。自分はタクシーの運転手で、お遍路さんを案内することが多いのでここら辺は熟知しています。今日は非番で家に帰るところです」からと、ありがたいことである。車のお接待は時どきいただくが、相手がタクシーの運転手だったことはない。「タクシー代など」と言うと、怒ったように要らぬと言う、助手席に乗っている可愛いい女の子に千円札をわたして、「あとでお菓子でも」と言うと、それは黙認してくれた。

高照院天皇寺につくと、ゆっくり参詣してくださいと、どこぞへ行く気のきかせかたをしてくれる。この寺は崇徳天皇にゆかりがある故に天皇寺という。天皇が配所でなくなり、ご陵に入るまでの間、近くの「八十場の泉」に亡きがらを浸して置いたという。

再び車中に入り、「今日の宿は何所がよいか」と尋ねたら、明日からの計画を聞いて、坂出市がよいという。明日白峯寺と根香寺に行けばよいという。かくして国分寺も参詣して坂出駅前の「松の下旅館」まで送られた。

第八十七番札所長尾寺まで

　昨日は三十四キロの道のりのうち十一キロを車の接待にあづかった。七十二番前の「門先屋旅館」から出発して甲山寺、金倉寺、道隆寺、郷照寺と歩いて、その後、車のご厄介になったのだった。お蔭様で午後三時半には宿に着いていた。ゆっくりとお風呂に入らせてもらい、夕食の時、宿のおかみさんと明日からの予定を話しあった。身体の調子がいまいちなのが気にかかるが、さすがに宿屋のおかみである。早くもその事を心配してくれている。「何も歩くばかりがお遍路じゃない、身体の調子が悪い時は、悪いなりにお遍路をしては」と言うのである。（一日停滞しようか）と思っていた矢先なので、おかみさんの話にすぐ同調したのだ。

　明日一日は乗り物を利用して回ろう、歩き遍路とて身体の具合の悪い時は一日ぐらい乗り物を利用しても罰は当たるまい。一日早く切り上げて高野山まで足を延ばした方がよいかも知れないと、悟ったような軟弱な気持になって情けないことだと、その時は思ったが明日になってみると、これが正解だったのである。世の中には不思議な事があるものだ。そのことは明日になってわかる。

おかみさんは「タクシーの手配をします、朝の七時頃出られるように」と言いバタバタと計画?は進んで一日が終わった。

翌日朝七時きっかりに、昨日お接待をしてくれた運転手の同僚だという人が来て、初めてのタクシー遍路になった。玄関前でおかみさんに送られたが、いつもの朝の雰囲気と違うので（さあ行こう）という気持にはなれなかった。

これから行く八十一番札所白峯寺は山の上にある。讃岐平野の端から見ると、南に十数キロの長さの山なみがあり、標高四百メートルぐらいの所にお寺があるという。歩いて行けば下から二時間近くはかかるであろう。タクシーは十分もかからず登って行った。

このお寺は、崇徳天皇のご陵や光明皇后筆の写経などがあり、古い歴史のあるお寺である。

次の根香寺《ねごろじ》もこの山なみにあり、山道を辿れば、やはり二時間はかかるであろう。

山道を縫うようにしてタクシーは走る。いつもながら車に乗るたびに考えさせられることは、こんなに早く目的地に着いてよいだろうか、ということである。そこでまた歩かないことを悔やむのだった。

根香寺に着いた。このお寺も千二百年の歴史があるという。弘法大師がこの地に霊顕を感じられ、山を青峰、赤峰、黒峰、黄峰、白峰と名づけ、先の白峯寺と、こちらは青峰山根香寺にしたという。四国八十八ヶ所の札所には弘法大師の開創だとか、もっと古い行基菩薩の名前がある古いお寺があるが、本当だろうか、と?、のところもあるが、どのお寺にしてもその堂々とした、たたずまいに圧倒されて疑う余地がないように思えるから不思議である。次のお寺は一宮寺。タクシーはここで帰ってもらう。

現在時間は午前十一時である。坂出の駅前から出発して二時間で三十五キロを走ったことになる。歩けば一日コースだ。今日は乗り物を利用することにしているので、ただ車に乗ると早いな、というくらいの考えしか浮かばない。この一宮寺は田村神社と隣りあわせにあり、神仏習合のなごりであろう。神社の境内では植木市が開かれていた。遍路の身とて植木を買うわけにはいかないが、季節に咲く花を美し

八十三番一宮寺

く健気に思えるのも一人旅の郷愁であろうか。

琴平電鉄の一宮駅から瓦町経由で屋島の駅へ。歩いて五分ぐらいで屋島ケーブル駅だ。山上には、二、三軒の土産物屋がならんでいる。屋島の合戦や檀の浦の源平合戦で知られたところとて、観光客も多いのだろう。お寺に参り早々下山した。次のお寺の八栗寺も同じような条件のところにある。ケーブルに乗って行くと、終点よりなお高く山があり、五つに分かれている様子は五剣山という。

このお寺で有名なのは、歓喜天である。歓喜天というのは古代インドの悪

八十五番八栗寺の歓喜天

神で、修行者を苦しめ誘惑していたが、仏教に取り入れられると今度は反対に修行者を守護する立場となる。仏教修行者は誘惑が多いが誘惑をそぎ落とすことが修行ともいえる。そんな姿に女人がしびれて誘惑するわけだ。修行者はまだ生身の人間であるから、特に女人の誘惑に打ち勝つように歓喜天が守護してくれるという、まことに人間くさくありがたい話である。多くは真言宗のお寺にまつられ、夫婦和合、子授けなどの信仰を集め、霊顕あらかただという。

またコト電に乗って志度寺へ。今日は乗り物でお遍路をするんだと一貫し

八十七番長尾寺

ているが、本当にこれでよいのだろうかと、心に刺さるものも感じる。勢いというものは恐ろしいもので、特に自分のためにすることは妥協してしまうように思える。とにかく志度寺に参って、なお時間があるのを異状に思えるのである。

全く歩いている時は時間の概念は点として存在したが、乗り物にのって移動する時は時間は流動しているということを実感する。

乗り物は速すぎるのだ。コト電のやぐり駅で長尾までの便を聞いたらバスは五時までないというし、また、またコト電に乗って長尾寺のある駅に来た。

お寺に参拝して山門を出ると、宿屋の主人が待ちかまえていたように招くので、つられてその宿の客になった。

結願の日

「あづまや旅館」のおかみさんは気さくな人だ。亭主に命令してお遍路さんに色々と気を使ってくれる。例えば、風呂が空いたからどこそこの部屋に知らせてこいとか、あそこの部屋に毛布を一枚追加してこいとか、ご亭主も嫌な顔もせずこまごまと立働いている。

あとで聞いた話だが、十何年か前にご亭主もお遍路して歩いていたそうだ。この土地に来てなにがよかったのか、居付いて入婿になったという。東北は秋田の人だという。

翌朝六時半出発ということで、歩きの遍路が五人玄関前にそろった。おかみさんは地図を配りながら一人づつ細かな説明をしてくれる。自分のところに来ると、五百円玉を出して「これはお接待です、おさい銭の足しに」と手のひらに握らせてくれた。宿屋の人からお金を貰うのは今までになかったので思わず「いいのですか」と言ってしまった。不用意なことを言ってしまった、と後悔したが「歩きのお遍路さんには皆こうしていますから」と言われてありがたく頂いた。その上地図を繰り返し見せながら、山越えは大変だから自動車道を行きなさい、五時間もあれば着きますよ、と五時間を強調して送り出してくれた。

宿銭は六千円である、五百円をお接待で還元してくれて、経営は成りたつものだろうかなどと余計なことを考えたが一体全体お接待という行為はどういうことか、結願寺に行き着くまでの長い道中に退屈しない恰好の思考材料となった。以下は私見である。

四国は死国ともいい、本土の人たちは、西方の海に隔てられたこの島を浄土と思い、人々が死ぬとその魂が飛んで行くところであるとした。だから個々にあるいは団体でお遍路に行くにしても死ぬことを覚悟で四国に旅をした。

このような覚悟のお遍路姿を見て、在住の人はどんな感じを抱いたであろうか。その宗教的雰囲気に憧れたのは間違いない。自分も歩きたいのである。土地の人は弘法大師信仰を昔から教えられている。お寺にお参りしたい、大師様にお願いしたいのである。しかし今は歩けない。普通の信仰者はお遍路に自分の願いを託すのである。そこに金や物あるいは無償の好意が生まれる。お遍路さんに対する尊敬と親愛の想いが、お接待という、日本の宗教の中でも独特のものを育んだのではないのか。住職と檀家のような関係ではない。歩きの実践者と信仰者で成りたつもので、普通の信仰者が歩きの遍路と一体になろうとする行為でもある。

と、こんな事を考えながら、三時間くらい歩いた。道はぐんぐんと山の方に向かって行く。

左に前山ダムが現れた。右に小学校を見て道は大きく左に曲がる。来栖《くるす》という所らしい。

ここから本当の山へ行く道だ。路肩の石に腰かけて休んでいると、若い二十歳前後の男がやってきた。どちらの道を行くのかと聞くと、暫く考えていたが、おじさんはどうか、というのでまだ考え中というと、絵看板を見ながら、一人うなずき「山を越えて行きます」と元気に去って行った。また一人になると現実の問題が待っている。右にするか、左に行くかである。右の自動車道を行けば急な上りはないが、約十一キロ余の道のり、左は八キロの距離だが最後に女体山という七百七十メートルの山を越えねばならない。ふと先程の若者のことが頭をかすめた。山道をと元気で行ったが「自分のような老人遍路と一緒では枯けんに関わるみたいに思ったのではないか」、と邪推した。それで「えびす屋」のおかみが一生懸命に自動車道を行けと言われたことを忘れて、山道に足を向けてしまった。何のことはない、他人の気持につき動かされて、自分の行動を決めてしまった。女体山の登り口から本格的な登山である。整備はされているが、山道に変わりない。大汗をかいて山頂に着いたときは、十二時を少し回っていた。急ぎ下山していると、遍路の一団と擦れ違った。奥の院に行くらしく先達が「もうお参りしたのですか、ご苦労様です」と言った。こちらは奥の院どころではない、あと二十数キロを歩かねばならないのだ。いい加減に返事をしたが、その先達はニコニコ笑いながら自分の率いる遍路たちを振り返った。偉いところを見せつける仕草である。従う人たちは車の遍路らしく服装もまちまちであるが、神妙な顔付きだけは一様にしていた。

第八十八番大窪寺。四国遍路最後の札所である。本堂と大師堂に納め札を納め、改ためて最後の寺に参詣していることを実感した。終わったと思った。特別な感慨はわかないが、人との交わりの中に得たものが多かった。三年がかりで回った四国のお遍路は辛いこともあった。歩き疲れて動けなくなった時もある。そんな時の何よりの励ましは、お接待であった。奇妙に辛い時お接待にあづかったのだ。偶然といえばそれまでだが、そうばかりではないような気もする。広い境内を眺めながら、遍路旅を振りかえった。最後の納経帳を書いてくれた住職の優しい顔が長く印象に残った。

その後のこと

大窪寺を出発したのは十二時四十分、これから二十キロ先の切幡寺へ行くには五時間かかるとすると、十七時半に着けるかどうかだが、まだ宿の手配もしていない。しかしこの結願寺付近には何故か泊まる気がしないのでままよとばかり歩き出した。大影という所まで行けばバスの道がある。一日何本かのバスだけど注意すれば途中でバスを拾える筈だと気楽に考えていた。大影小学校まで六キロ、一時間強歩いてようやくバスの通る道に出た。ここはもう徳島県である。山間の変哲もない道はダンプが勢よく走るばかりで、他の車はほとんど走っていない。川ぞいに大きな砕石場がある。粉塵がもうもうと立ちこめている。都会だったら大変な公害問題になるだろう。

「犬の墓」という妙な名前の所でバス停の時間表を見ると、ここを通過するにはまだ一時間ほど間がある。ようやくバスの時刻を把握出来た。大窪寺から三時間、ほとんど休みなしに歩いて気がつくと「平地」という所だった。

道路の左の小さな畑にうずくまって草取りをしている女の人がいた。「こんにちは、大門という所はまだでしょうか」と背中越しに声をかけると、そのままの姿勢で顔だけこちらに向け「大門はすぐじゃけん」という。その振り向いた顔に見慣れた感じをうけた。

よく見ると正座をして小さな鎌で草取りをしているその顔は観世音菩薩のお顔であった。

どこぞのお寺で接してきた端正なお顔とあまりにも似ていた。白衣の遍路姿を見た老婆は、正座のままにじり寄ってきた。「今日はまたなんという良い日であろう、毎日毎日あなたの来るのを待っておった。今日は弘法大師の思召しであなたに会えてうれしい」と野良着のたもとから薬袋を取りだし「高野山に行ったらこれを、さい銭箱に投込んで欲しい、高野山のどこぞでもよい、さい銭箱に投込んで下さい」という。不意をつかれて言葉も出なかったが、ようやく意味を理解した。

薬袋を覗くと銀貨が入っていてずっしり重い。「高野山に参りましたら必ず奥の院のさい銭箱にお入れしますが、おばあさんの名前を聞かせて下さい。あとでご返事を差し上げますから」と言うと「名前など必要ない、九十歳を越して、高野山に行かれないのが残念じゃ、ただこれを高野山のさい銭箱にほうり込んでくれればよいのじゃ」と片手拝みに頼むばかりである。「はい、分かりました、しかし名前を書いておいた方がお寺でもよろしいのではないでしょうか」と重ねていうと、「まつながみやこ」とハッキリ言った。

「必ず高野山奥の院のさい銭箱にお入れいたします。長生きをして下さい」と月並のことしか言えなかった。老婆の目から涙がしたたり落ちそうになった。両手を合わせ拝む姿にいたたまれなかった。

あの老婆は死を覚悟しているのではないか、そうでなければあの観音様のような顔にはなれない。死を身近に感じて、死を自分自身の問題と解釈して、心の準備を高野山の弘法大師に訴えたかったのではないだろうか。死を恐がらずにいられる方法は弘法大師にすがるよりないと思ったのではないだろうか。

渡された薬袋は、半分ちぎれてその中には百円硬貨が十五枚と五百円玉が一枚入っていた。硬貨にどんな想いがこもっているのか。

「大門」からはバスとタクシーを乗りつぎ第一番札所霊山寺前の民宿「阿波」に着いたのは午後七時であった。

翌朝、霊山寺にお礼参りをして、徳島からフェリーで和歌山へ、そして南海電鉄で高野山に直行した。高野山奥の院のさい銭箱に老婆のおさい銭をそっと入れると底の方でことり、と音がした。

捕虜回想

満願御礼参拝
最初に参った寺

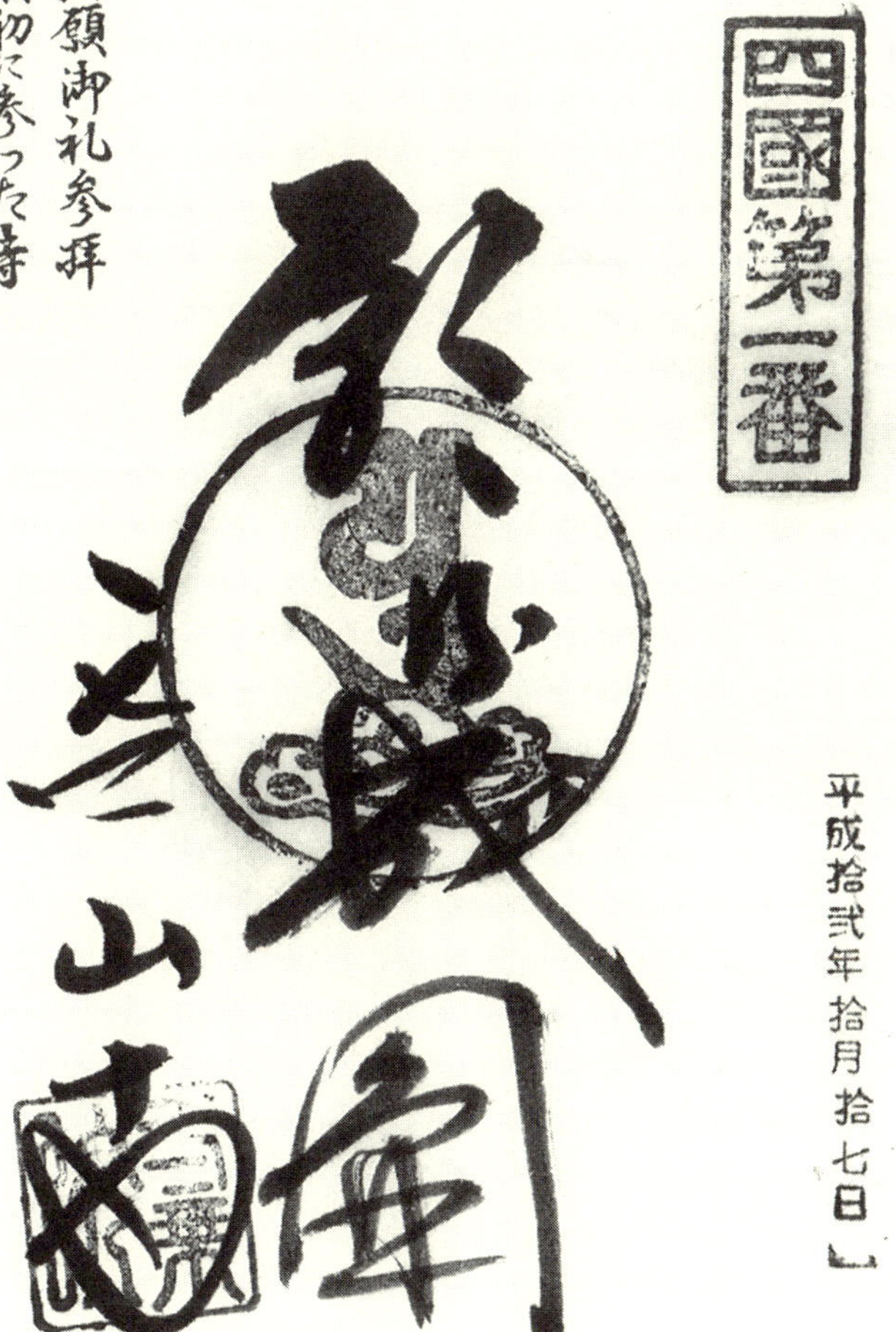

この俳句二十句は、一九四五年のあの馬鹿げた戦争が終わって作者が捕虜になり、シベリヤの収容所に送られる前後を回想して作ったものので、解説を抜きで発表したが、今から五十年も前の「捕虜」と云っても状況が分かる人も少ないし、俳句の中にロシヤ語なども入っていて、読者の判断のつきかねることもあると思うので自解を添えるものとした。このような形式のものが現代の俳句界に容れられるかどうかも分からないが、作者としては精一杯の努力で現代的な表現をしたつもりである。

シベリヤへ
三日三晩貨車走りタイガ出ず

一九四五年頃のソビエト連邦は、ドイツ軍との死闘のすえようやく勝利した。よほどの総力戦であったのだろう、シベリヤ鉄道も疲弊の極にあった。線路は薄く減り、泥炭をくべて走る汽車のスピードは時速三十キロ位でその上、止まり、止まりするので、三昼夜かかってもタイガ（大森林）を抜け出ることが出来なかった。

北極星真上にありて故郷わすれ

故郷で見た北極星は真北にあった。今頭上のその星を見て、捕虜達は現実の厳しさを知るのであった。一瞬夢に見る故郷の方向を忘れるのであった。そして捕虜である身も忘れたいと願った。

バイカルは波なくて霧立ちのぼる

捕虜の一団は湖辺に着いてほっとした。今までに色々な情報があった。ほとんどはデマであった。内地に帰れる夢が潰えて、シベリヤに送られてきた現実を悲しいと思う心の中にも、バイカル湖の美しさを見て、故郷の景色に重複する部分を感じたのである。

白夜声なく闇なくツンドラを歩く

粛々として一団の兵士達が夜のツンドラ（凍土）を歩いている。外装だけの兵士の姿である。武器は持っていない。何で声を出せるであろうか。影が白夜の幻と連れだって歩く。

行進の兵は倒れてダワイの鞭高く

ダワイとは早くしろということ。ソ連兵は容赦しなかった。彼らとは食べ物の違いがあった。量も質もである。「この位のことで倒れるわけがない」と彼らは思ったに違いない。実際には倒れて死ぬる寸前の兵隊ばかりであったのに。

炭鉱にて

炭道炭車ひく「驢馬」の口汚れ

トロッコの軌道を「驢馬」が炭車を曳いている。吐く息がつららになり炭塵がまつわりつく。「驢馬」の口のあたりは色白で愛すべきかたちであるのに、今は、いとましい。

コンベア止まり発破カンテラ揺れ

ソビエト人の炭鉱夫が大声をあげる。コンベアが止まり捕虜が退避する。小さな休息の一ト時カンテラがかすかに揺れた。

マホルカの匂い故郷懐かししばし居る

ロシヤの下級タバコ、マホルカの匂いをどんなに恋うたか。この匂いは味噌を焼いたような匂いであった。石炭の山の隅で願わくば消えてなくならないことを祈りつつ、その場を去りがたく思うのであった。

雪風まぶしい坑木を腰に

浅い斜坑で坑道を作る坑木は、地上から蓋を開けて投げこむ。風と雪が同時に入りこむ。その坑木の唐松は、長さ五メートル、腰で引いていくよりない。

雪目六十噸貨車に積む大円匙

野外の石炭を貨車に積む。ノルマは六十噸。兵の円匙は背嚢につけられたが、この大円匙（スコップ）は横と縦が共に、五十糎はある、ソ連人の使うものであった。

収容所にて

タバコない黒パンない涙も出ない

欲求するものが何もないという状況のもとでは不満足どころではない。発狂するものが出てくる。外は零下四十度である。地中である炭鉱はむしろ温かい。発狂する兵隊は防寒具を黒パンに代え一ト時の満足を得る。そして幾ばくもなく凍死する。

雪まみれジャガイモ馬糞夢うらら

その夜の夢は歓喜と悔恨の交錯であったろう、思い出せない。事実は雪まみれのジャガイモを拾いポケットに入れペチカにくべると馬糞であったこと。

虫の棲家番地さがして新聞貼る

町名とか番地とか、何となつかしい言葉よ。日本新聞に、たまにそのような文字があった。それにしても南京虫は、どこに棲んでいて夜になると湧きでてくるのであろうか、せめて懐かしい日本に帰るまで、お前は出てこないでおくれ。

新兵の仕置き宮城揺拝のあとで

戦争に負けて捕虜になっても、階級は生きている。長い間旧秩序が続いて「上官の命は天皇の命令」などと云っていた、この不条理は凡そ民主的な行為とは対極をなすところの私刑（リンチ）もまた天皇の命令でなされたこと知る。

飯上げにどっこい新兵生きている

ライ麦の挽割りを全粥にしたようなものが飯である。飯上げの容器は乾燥馬鈴薯の空箱であった。新兵が四人でかつぐ。空いた手を伸ばして餌を呑みこむ。うす暗い柱のかげから亡者のような手がのびる。このようにしたから生きて帰れたとは思いたくないのだが。

新兵の死

後ろから尻穴見えるｏ《オ》ｋ《カ》になりたし

人間が二本足で立っている時後ろから尻穴など見えやしない。栄養失調で尻の肉がなくなると真後ろから見て尻の穴が見えるようになる。ソ連軍の女医は身体の衰弱を等級で示した。ｏｋは最低である。しかしｏｋになると病人食が食べられる。それになりたいと願う兵隊達である。

バール重し戦友よメガネ光る

戦友が死んだ。墓掘りのバールの重いこと。凍土は栄養失調の墓掘人夫などよせつけない。わずかばかりの雪をかむせて埋葬はおわった。春になって現れた死体に野犬が群れて、糸で吊したメガネがあの戦友であることを確認させた。

ふぐりがない戦友よ永久に童貞で

食べものが少し多い夜「お前は何歳の時やったか」の話しが多い。
死んだ戦友はふぐりが無かった。栄養失調とは男の一番大事なところ、
そして現在は一番必要のないところから肉体を縮めさせるのか。

お前は真裸で天皇を食らわすか

新兵にひょうきんな男がいて、何かと云うと「食らわすぞ」などと言っていた。その男が死んだ。下着はシラミが一杯であった。真裸にして埋めた。

餓死凍死二度死ににけり新兵は

黒パンはマッチ箱位のもの一個、ライ麦の挽割りお粥が中ごうにすりきれ、スープは何も入っていない塩水。この一日の食料では栄養失調死ではあるまい。餓死である。そして死ぬと戸外へ。死んだ戦友達はどんなに切なかったろう。

あとがき

概数ではあるが、一千四百キロメートルにおよぶ歩き遍路の旅を三年がかりで終わった。所用日数は三十八日である。終わった時は色々な感慨もあろうかと、前から期待していたが空振りであった。

四国八十八ヶ所を歩いて旅した事実に思いいたす時、年齢からいっても、体力からいっても、かなりハードな旅であった。が故に淡々として歩いたといえば聞こえはいいが、そんなことではない。何かに励まされて歩いたとも思えない。元来のんきな性格で、事の経過を思い患わせることもない。どこへ行くにも、どんな場合でも、否定的に考えたことがない。

満十四歳で旧満州に渡った。満蒙開拓青少年義勇軍という大陸侵略の尖兵であった。最後の現役兵でソビエト軍とも交戦した。捕虜で二年間抑留された。

七十四歳になる間うまく生きぬいてというか、何とか生きていて、そのころの我が青春は何だったか、というような考えは起こらなかった訳ではないが、深くは考えなかった。そんな習性が五十余年の歳月を経過させた。

そんな時四国のお遍路に行きたいと思うようになった。どうして、とかどうだから、とかの説明は自分で出来ない。物事をきちっと判断出来ないのんきさのせいだろうか。自分が病気になり、兄たちが死んだ。そんな時だった。

四国八十八ヶ所を三年がかりで歩いて回ったのである。呑気ではあるが辛抱強いのかも知れない。そこで手前味噌ではあるが、歩き通せた持続力は何だろうと考えた。四国の自然と人情はすばらしい。いつでも、どこでも、気持を奮い立たせてくれた。それでもそれだけで、長い遍路の旅を続けられたとも思えない。

十月十七日午前十一時頃、高野山奥の院の前に立っていた。その二日前に老婦人から託されたお塞銭を塞銭箱に入れようとした時、かの老婦人の顔がまぶたに浮んできた。老婦人は観音様の顔をしていた。人間が死ぬ間際になると仏様に近い顔になるのだと思った。こんな事を言っては不謹慎かも知れないが、人間は誰でも死ぬのだから生きているうちに仏様に近い顔になるなんて、とっても素晴らしいことだと思った。

そんな事を考えていた時、若き日の捕虜収容所での戦友の死顔が脳裡にうかんだ。死んだ戦友はどんなに無念であったろう。

今さら何をと言われるかも知れないが、どうしたら戦友達の無念を少しでもはらすことが出来るのか、それとて思うにまかせない。

この四国のお遍路は、半世紀前の事を想い起こすよすがの旅でしかなかったのかもしれない。

君塚みきお（きみづかみきお）
1926年　東京都に生まれる。
1940年　満蒙開拓青少年義勇軍に参加
1945年　召集され、敗戦とともにソ連軍の捕虜に
1947年　復員
現　在　ウォーク88代表

四国八十八ヶ所ブラブラ旅

七十二歳からの巡礼紀行

2001年4月10日　第1刷発行

著　者　君塚みきお

発行人　深　田　卓
装幀者　貝　原　浩
発　行　㈱インパクト出版会
東京都文京区本郷2-5-11　服部ビル
TEL03-3818-7576　FAX03-3818-8676
郵便振替　00110-9-83148
Email ; impact@jca.apc.org
http://www.jca.apc.org/~impact/
ISBN4-7554-0106-2 C0015

モリモト印刷